# Basics

## surgeon's knot

Cross the right end over the left and go through loop. Go through loop again. Pull ends to tighten. Cross the left end over the right and go through once. Tighten.

## wrapped loops

**1** Make sure you have at least 1 ¼ in. (3.2cm) of wire above the bead. With the tip of your chainnose pliers, grasp the wire directly above the bead. Bend the wire (above the pliers) into a right angle.
**2** Using roundnose pliers, position the jaws vertically in the bend.

**3** Bring the wire over the top jaw of the roundnose pliers.
**4** Keep the jaws vertical and reposition the pliers' lower jaw snugly into the loop. Curve the wire downward around the bottom of the roundnose pliers. This is the first half of a wrapped loop.

**5** Position the chainnose pliers' jaws across the loop.
**6** Wrap the wire around the wire stem, covering the stem between the loop and the top bead. Trim the excess wire and press the cut end close to the wraps with chainnose pliers.

## flattened crimp

**1** Hold the crimp bead using the tip of your chainnose pliers. Squeeze the pliers firmly to flatten the crimp. Tug the clasp to make sure the crimp has a solid grip on the wire. If the wire slides, remove the crimp bead and repeat the steps with a new crimp bead.
**2** Test to be sure that the flattened crimp is secure.

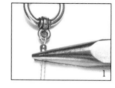 

## folded crimp

**1** Position the crimp bead in the notch closest to the crimping pliers' handle.
**2** Separate the wires and firmly squeeze the crimp.

**3** Move the crimp into the notch at the pliers' tip and hold the crimp as shown. Squeeze the crimp bead, folding it in half at the indentation.
**4** Test to be sure that the folded crimp is secure.

## beaded backstitch

To stitch a line of beads, sew through the fabric from the wrong side. String three beads. Stretch the thread along the line where the beads will go, and sew through the fabric right after the third bead. Come up through the fabric between the second and third beads and go through the third bead again. Repeat. For a tighter stitch, string two beads at a time.

## ladder and brick stitch

**1** A ladder of seed or bugle beads is most often used to begin brick stitch: Pick up two beads. Leave a 3-4-in. (8-10cm) tail and go through both beads again in the same direction. Pull the top bead down so the beads are side by side. The thread exits the bottom of bead #2. String bead #3 and go back through #2 from top to bottom. Come back up #3.
**2** String bead #4. Go through #3 from bottom to top and #4 from top to bottom. Add odd-numbered beads like #3 and even-numbered beads like #4.

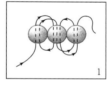 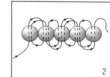

**3** To stabilize the ladder, zigzag back through all the beads.
**4** Begin each row so no thread shows on the edge: String two beads. Go under the thread between the second and third beads on the ladder from back to front.

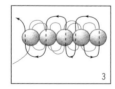 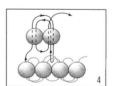

Pull tight. Go up the second bead added, then down the first. Come back up the second bead.
**5** For the remaining stitches on each row, pick up one bead. Pass the needle under the next loop on the row below from back to front. Go back up the new bead.

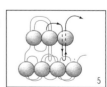

# Jeweled hair accessories

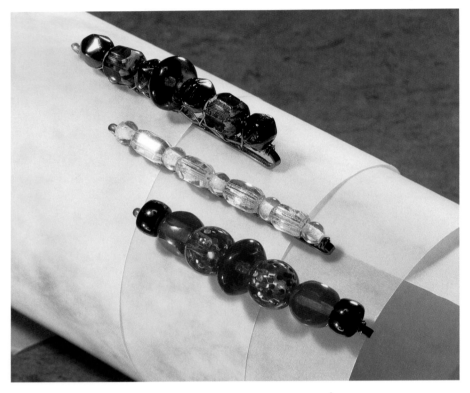

Each of these beaded bobby pins only uses a few beads, so this project provides a great opportunity to use your leftover pearls, crystals, and Czech glass beads.

### bobby pin

**1** Fold an 18-24 in. (46-61cm) piece of wire in half and wrap at the fold two or three times around the top of the bobby pin's bend.

**2** With the ends of the wire together on top of the bobby pin, string enough beads to equal the length of the pin— almost.

**3** When the beads reach almost to the tip of the top bar, cross the wires under the tip and wrap each around the tip one or two times, ending with both wires under the bar (**photo a**).

**4** Cross the wires under the bar below the first bead, then cross them over the bar between the first and second beads (**photo b**). Pull hard to bring them between the beads so they don't show. (If you like the look of the crossed wire on top, don't pull quite so hard.) The first cross is the hardest. Continue crossing under then over the bar between beads. Pull tight, but be careful not to break the wire.

**5** After crossing between the last two beads, cross under the last bead and wrap each wire around the pin bend

These lovely jeweled hair accessories are easy to make and perfect for special occasions— weddings, proms, evenings out. Use crystals, pearls, and gemstones for a formal, elegant look. They're easily adapted as well; if you'd like some unique hair accessories for everyday wear, substitute with your choice of more casual beads.

### hair jewels

**1** Cut a 24-in. (61cm) length of wire and bend it in half. String an 8 x 11mm bead on one of the wire ends up to the bend (**photo a**). Bring the other half of the wire down against the bead and twist the two wires together a few times under the bead (**photo b**). Make three.

**2** Arrange the three bead wires together in your hand and twist the one or two times (**photo c**). If possible, feed the ends through the first bead(s) then cut close (**photo d**).

## hair pin

**❶** String 1 pearl on a 12-14 in. (30-36cm) piece of wire. Move the pearl to the center of the wire and carefully twist the wire together twice just below the pearl.

**❷** Wrap both ends of the wire together around the bend of the hair pin twice. Wrap one wire twice around the wire's stem beneath the pearl and wrap the second wire twice around the stem in the other direction (**photo e**). Carefully twist the wires together, cut off, and tuck the ends under. **❍**
– Nicolette Stessin

### materials

- ordinary bobby pins
- hair pins
- **2** yd. 32-34-gauge craft wire
- assorted beads such as:
  4-8mm freshwater pearls, fire-polished crystals, pressed-glass beads, size 8º or 6º seed beads, to equal the length of the top of the pin, less ⅛ in. (3mm)

**Tools:** wire cutter

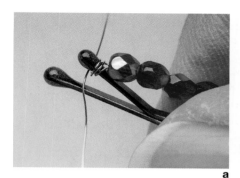
a

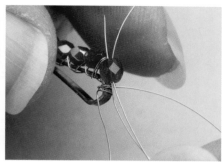
d

b

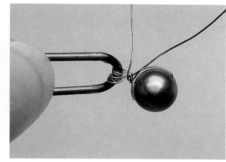
e

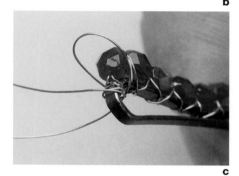
c

wires together under the beads for ¾ in. /2cm (**photo c**).

**❸** Wrap the twisted wires around a pencil to form a loop just below the beads (**photo d**).

**❹** Make one wrap between the loop and the beads to secure the wires (**photo e**, p. 6). Remove the pencil.

**❺** String a bead or a pearl on one of the wires about ¾ in. away from the wrapped wires. Wrap the wire around itself under the bead for approximately ¼ in. (6mm) (**photo f**). String a bead or a pearl on the wire about ¼ in. from the wrap and make a few wraps under the bead. String a bead or a pearl on the wire, bring the wire around the bead, and wrap it around itself until you reach the twisted wrap made in step 4 (**photo g**).

**❻** Working one wire at a time, add

a

c

b

d

three or four beads to each wire. This is freeform, so don't try to measure the exact placement of each bead. Use the measurements in the previous step as a guide and decide where to add each bead as you work.

❼ Bring all the wire ends together and string the silver teardrop bead over the wires. Wrap one of the wires down against the bead and secure it with several wraps around the stem of wires (**photo i**). Trim the wire.

❽ Cut the remaining wires flush with the end of the bead (**photo j**).

❾ Adjust the beads as desired but don't overwork the wire or it will break. ● – *Kelly J. Nicodemus-Miller*

## materials

(makes one hair jewel)
- 6 ft. (1.8m) 24-gauge craft wire, silver
- **11** potato pearls
- **3** 11 x 8mm oval or 10 x 8mm teardrop faceted glass beads
- **11** 2-6mm assorted beads or gemstones
- **4** x 8mm silver teardrop bead (www.trashcity.com)

**Tools:** wire cutters, pencil

# Beaded sandals

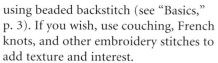

Use a dramatic assortment of seed and cylinder beads to create a whimsical pair of beaded sandals. A variation of stitches and both opaque and transparent beads combine for a patchwork effect.

When you make beaded shoes, keep the inside as neat as the outside. Hide knots and threads carefully to create a professional (and durable) finish. The most difficult part to bead on these shoes is around the base where the material is stapled to the sole.

❶ On a piece of paper, draw an outline of the shoe's vamp and make a rough sketch of your design (**figure 1**). Transfer your sketch to the shoes with pencil or dressmaker's carbon.

❷ Working with the thread doubled, secure the thread to the shoe with a backstitch (**figure 2**) instead of a knot.

❸ Sew the beads onto your shoes using beaded backstitch (see "Basics," p. 3). If you wish, use couching, French knots, and other embroidery stitches to add texture and interest.

❹ Start by outlining one of your major design elements, then work any smaller elements within that design. Fill in the background, using the direction of your stitches to add texture, contours, and dimension (**photo a**).

❺ Once you've beaded all the design elements, trim the edges and fill in the background, if desired (**photo b**).

❻ Work in any loose threads, using glue to hide or secure an end. You may even want to line the vamp by gluing on a thin layer of Ultrasuede.◗

– *Karen Whedon*

## materials

- leather or fabric sandals
- seed or cylinder beads in assorted sizes and colors
- Silamide or Nymo D beading thread
- beeswax or Thread Heaven
- beading needles, #12 short
- thimble or glover's thimble
- drawing paper
- E6000 glue

**Optional:** Ultrasuede, dressmaker's carbon

a

b

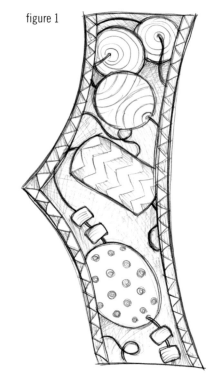

figure 1

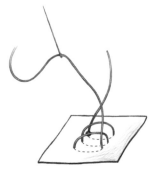

figure 2

# Beaded shoe clips

In addition to being charming, these beaded shoe clips are versatile—clip them to a jacket's lapels, or use one to fasten a scarf. Shoe-clip findings are usually found in the button department of any large sewing store.

First, make a triangular, brick-stitched base and embellish the edges with loop fringe. Then, scatter a garden of flower fringes over the base.

## stitching the base

**1** Thread a needle with 4 ft. (1.2m) of Silamide. Stitch a ladder of 15 cube beads (see "Basics," p. 3). Stitch back through the beads to reinforce the ladder. The needle should exit the first bead of the ladder.

**2** To start the next, 14-bead row of brick stitch, pick up two cube beads and stitch under the thread between the second and third beads of the first row (**figure 1**). Complete the row by adding one bead at a time as described in "Basics."

**3** Start the third row as in step 2, adding 13 beads. Continue adding rows until there are 14 rows of brick stitch, each with one fewer bead than the previous row. The last row has only 2 beads.

## fringing the sides

**1** With your needle exiting one of the two beads in the last row, pick up eight 11º green seed beads and stitch through the end bead in the 12th row (two rows back) (**photo a**). Turn and stitch down through the next bead in the 12th row and out the end bead in the 13th row (**photo b**).

**2** Pick up eight green seed beads and sew through the end bead in the 11th row. Turn and stitch through the next bead in the 11th row and out the end bead in the 12th row.

**3** Continue to add overlapping eight-bead loops in this manner, always sewing through the end bead two rows back, then turning to sew back through the same row's next bead and out the end bead in the previous row.

**4** When you stitch through the end bead in the first row, turn to sew through the next bead in the first row and the second row's end bead. Pick up seven beads and sew down through the end bead in the first row (**photo c**). Sew through the beads to turn and exit the first row's end bead again.

❺ Pick up seven seed beads, skip a bead and sew through the next bead in the row (**photo d**). Turn and sew up the bead you skipped (**photo e**).

❻ Repeat step 5 until you reach the last bead in the row. Secure the end of your thread by zigzagging through the beads. Clip the tail close to the beads.

❼ Thread the needle with 4 ft. of Silamide. To secure the thread, zigzag through the base to exit the unfringed bead in the last (two-bead) row.

❽ Repeat steps 1-4 to add fringe to the last side of the triangle.

### adding flowers

One shoe clip has 12 flowers and a ladybug; the other has 13 flowers.

❶ Sew through the beads, exiting between rows of brick stitch. Pick up three green seed beads, a flower bead, and a seed bead. Skip the last bead and sew back through the flower bead and two green seed beads (**figure 2, a-b**). For the leaf, pick up five green seed beads, skip the last bead and sew through the next bead. Pick up three green seed beads and sew through the first bead picked up for the leaf and the first bead for the stem (**figure 2, b-c**). Sew over a few beads in the base to exit for another flower.

❷ Add flowers until you are satisfied.

### attaching the finding

❶ Thread a needle with a yd. (.9m) of Fireline thread and double it. Sew around the central perforations on the clip two or three times, leaving a 3-in. (7.6cm) tail. Tie the tail and the working thread around the back of the base in a surgeon's knot (see "Basics" and **photo f**). Glue the knot and trim the tail.

❷ Center the finding on the base so that the hinge lines up with the first row of beads. Sew through the beads in the rows beneath where the thread is knotted to the finding (**photo g**).

❸ Sew back and forth through the beadwork and the finding (**photo h**) until it is secure. ❂ – *Pam O'Connor*

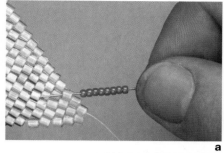

a

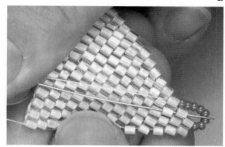

b

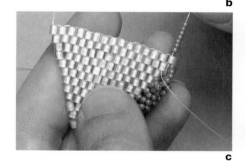

c

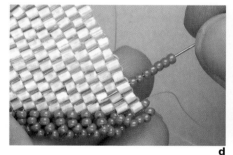

d

e

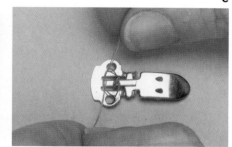

f

g

h

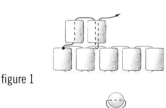

figure 1

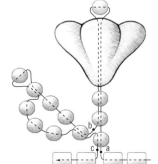

figure 2

### materials

- 20g 4 x 4mm cube beads
- 10g size 11º seed beads, green
- **24-30** size 11º seed beads, assorted flower colors
- **24-30** 8mm pressed-glass flower beads
- Silamide beading thread
- Fireline fishing line, 6-lb. test
- beading needles, #12
- **2** shoe clip findings

Ribbon
pouches

These pouches provide practice in edging and fringing and are great projects for beginning beaders as well as the more experienced.

Hand sew the ribbon bag. Turn it right side out and press. Then embellish it with seed bead edging, and then add a fringe. Finally, add a strap and embellish the flap.

## bag

❶ Decide on the shape of the flap. Bear in mind that the pattern of the brocade may dictate the best shape. Play with the ribbon to determine the best pattern layout.

❷ Place the plain and the brocade ribbons together, right sides facing. Sew the flap shape about ¼ in. (6mm) from one end, using a medium running stitch (**photo a**). Sew across the opposite end approximately ¼ in. from the edge. Reinforce this seam by sewing back to the start (**photo b**).

❸ Carefully trim the excess ribbon. Do not clip too close to the seam as brocade ravels easily. Turn the ribbon so the wrong sides are facing and steam press (**photo c**).

❹ Fold into a bag shape and steam press (**photo d**). Hold together with straight pins if needed.

## edging

❶ Decide which color size 11° seed bead will be the base bead (closest to the bag). Thread a needle with 5 ft. (1.5m) of waxed Nymo. Double the Nymo and secure the ends with an overhand knot (**figure 1**). From the inside, carefully slide the needle between the bag layers, exiting the lower right-hand corner.

❷ Holding the bag with the flap side facing you, string a base bead, an outer bead, and a base bead. Go through all four layers of the bag from back to front

figure 1

Make a loop and pass the working end through it. Pull the ends to tighten the knot.

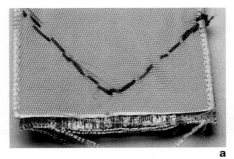

a

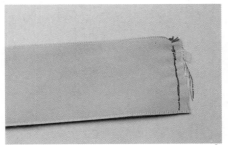

b

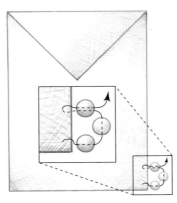

figure 2

very close to the edge and about a bead's width from the first base bead. Go up through the second base bead (**figure 2**). Keep the tension firm.

❸ String an outer bead and a base bead. Go through all four layers about a bead's width from the last base bead. Go up through the new base bead. Continue beading up the side. Open the flap and bead around it (**photo e**). Then bead down the other side. If necessary, steam the flap flat again.

## fringe and strap

❶ Design the fringe and add it to the bag. When attaching fringe across the bottom of the bag, carefully slide the needle inside the bag to the next exit point. Knot and trim inside the bag.

❷ Design the necklace strap. Decide on the length of the necklace, double it,

c

d

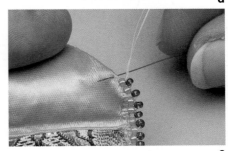

e

## materials

- 6 in. (15cm) brocade ribbon, 1½ in. (3.8cm) wide, (sold in fabric stores as trim)
- 6 in. plain ribbon, 1½-in. wide
- Nymo D beading thread to match brocade
- size 11° seed beads, two or three colors
- size 8° seed beads
- **12** or more accent beads
- beeswax or Thread Heaven
- beading needles, #12 or #13

**Tools:** steam iron

and add 12 in. (30cm). With this length of thread waxed, doubled, and knotted, go through the bag's edge from the inside, exiting on the right-hand edge at the flap fold. Make several stitches at this point for security. String the strap and attach to the other side of the bag.

❸ Carefully slide the needle between layers, exiting at the point of the flap. Embellish the point and slide the needle back through the layers, exiting inside the bag. End the thread. ●
– Mindi Hawman

# Appliquéd purse

Elegant enough to pair with evening wear or suitable for daily use, this appliquéd purse allows experimentation with different stitches and techniques. After selecting a purse, plan your design on paper. Begin to construct the beadwork elements that you will sew onto the purse. This purse features rows of brick-stitch triangles and brick-stitch ladders. You might also want to add peyote-stitch pieces, freeform shapes, or appliqué rosettes. Appliqué the pieces and lines of beads on the purse according to your plan. Finally, string a bead braid or single-strand handle using the leftover beads.

## outlines, backstitch, and fringe

❶ If your purse has piping, like this one, backstitch (see "Basics") a line of size 6º seed beads, two beads at a time, against the inner edge of the piping (**photo a**).
❷ Use the same technique to sew straight or curved lines of beads onto the surface of the purse.
❸ Use a round object (a ribbon spool was used here) to mark a curve with a chalk wheel for the first curved line of a design element. A Silamide spool was the perfect size for the smaller circles.
❹ To anchor single beads, bring the thread out from the wrong side of the

fabric to the top, thread a 6º bead and an 11º bead. Skip the 11º bead and go back through the 6º to the wrong side of the fabric. Bring the needle out where you want to attach the next bead. You can also make small three- to five-bead loops for accents or to fringe the tops of 6º beads.

## ladders

❶ After making three brick-stitch ladders with #2 bugle beads (see "Basics"), sew the shortest one to the purse, beginning with the end butted up to the bead piping and following a chalk curve. With the thread exiting the top of the end bugle, sew through the purse fabric the length of the bugle bead. Bring the needle back up through the end bugle bead (**photo b**).

❷ Go into the fabric at the edge of the bead and come back out one or two beads further along the side of the ladder. Go through the appropriate bugle and sew into the fabric at the bottom of the bugle with the needle angling toward a bugle two to four beads further along (**photo c**).

❸ Continue to the end of the ladder. Leave the ladder unfinished until you're certain it's the right length, so you can add or remove beads as needed. Weave in and tie off the ladder threads about an inch (2.5cm) before you finish stitching it in place. Butt the next ladder against the top of the first and so on.

## triangles

❶ Make a strip of 7 seven-bead wide brick-stitch triangles. Sew a strip of 7 six-bead wide triangles into the spaces by zigzagging back and forth through two beads on one color triangle and one to three beads on the adjacent other-color triangle, depending on how many beads lined up best.

❷ Because the lighter-color triangles are smaller than the dark triangles, the joined strip curves slightly.

❸ To fill out the joined strip to the edges of the purse, add more rows on the ends of the strip, using the ladder technique. Then sew the strip to the purse on all four edges (**photo d**).

❹ You can also make separate triangles and appliqué them in place individually.

## handle

❶ Determine the desired finished length of the handle or shoulder strap. Add 6 in. (15cm) and cut three pieces of flexible beading wire to that length.

❷ String two crimp beads on one end of each wire. Pass all three wire ends through a split ring, and then thread each back through the crimp beads. Crimp the crimp beads (see "Basics"). Then string a mixture of the beads and bugles used to decorate the bag on the three wires, making sure that the first inch or so of beads covers the wire tail as well.

a

b

c

d

e

❸ Braid the strands. Then crimp them to the other ring.

❹ Sew the rings securely to the sides of the purse (**photo e**) and cover them with appliquéd brick-stitch triangles. ◗
– Alice Korach

## materials

- cloth purse suitable for beading
- variety of seed beads and bugle beads: 1 color size 6º, 2 colors size 8º, 2 colors size 11º, size 2 bugles
- variety of bead thread to match beads:
- Silamide or Nymo B or D
- beeswax or Thread Heaven
- beading needles, #12 or 13 and short beading needles or #12 sharps
- flexible beading wire, .012 or .014
- **2** 6mm split rings or soldered jump rings
- **12** crimp beads
- Tools: crimping pliers or chainnose pliers, wire cutters, chalk wheel to mark curves or straight lines

# Hot fringed capris

Want to feel sexy? Make and wear these beaded capris or add beaded fringe to a scarf or a top. First, design your own pattern or use the chart provided here, then gather your beads. Before you know it, your beaded capris are ready to wear.

It's likely that you'll want to dry-clean your fringed clothing. Here are some suggestions for easy dry-cleaning: When you take the pants to the cleaners, pin the fringe up so that it doesn't hang free. Then tell the cleaners that you'd like the pants placed in a netted bag before cleaning.

❶ Knot one end of 2 yd. (1.8m) of waxed beading thread. Attach the thread to the wrong side of a pant leg at the bottom of the outside seam. Come out of the pant leg in the fold of the hem.

❷ String beads, following the first fringe in the chart below (**photo a**).

❸ Skip the last bead added and go back through all the rest of the beads to the hem (**photo b**). To avoid snagging the thread already in the beads, push the beads up with your finger as you slide the needle through them. This forces the first thread down against the inside bottom of the beads.

❹ Go into the fold of the hem right next to where the thread exited. Now come out the hem fold one bead's width past the previous row of fringe. End and add thread securely.

❺ Following the chart, repeat steps 2-4 around to the inside seam. Secure the thread and trim.

❻ Repeat steps 1–5 for the other side of the leg, maintaining the pattern. When about 1½ in. (3.8cm) from the inside seam, check to see if the pattern will match at the seam. If not, adjust the space between each fringe to fill the 1½ in., making the pattern match. At the seam, secure the thread and trim.

❼ Repeat steps 1-6 for the other leg.●

– *Linda Salow*

## materials

- black capri pants
- size 11º seed beads, black and 2 more colors
- Silamide or Nymo B beading thread or Fireline fishing line, 6-lb test
- beeswax or Thread Heaven
- #12 or #13 beading needle

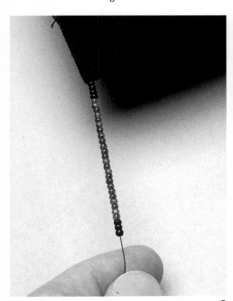

a

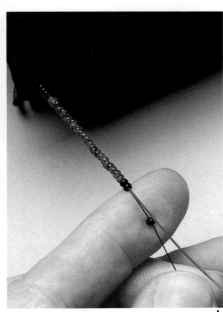

b

# Beaded
# needlepoint

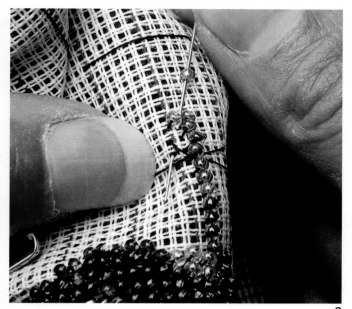

a

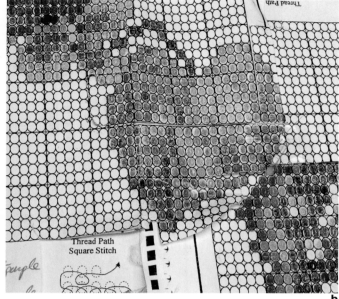

b

## materials

- 14-stitch-per-in. (2.54cm) waste canvas
- cross-stitch or square-grid charted pattern
- garment to embellish
- size 11º seed beads in all pattern colors
- blunt-point short beading needle, #10
- Silamide beading thread
- sewing thread for basting
- featherweight sew-in nonwoven interfacing
- embroidery scissors
- dressmaker's pins and/or small safety pins
- chainnose pliers

**Tools:** chainnose pliers, embroidery scissors

**Optional:** thimble

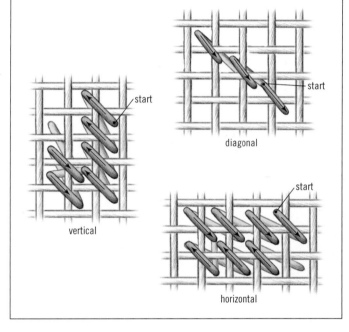

A simple continental stitch can turn any piece of clothing into a showpiece for a lovely bead pattern. The needle-point part is easy, but what to do about removing the canvas pattern from the dress when the beading is completed? Embroidery expert Lilo Markrich recommended a product cross-stitchers have been enjoying for centuries—waste canvas.

Unlike interlock canvas, waste canvas is woven in a simple over-under pattern that makes it easy to ravel and remove, providing you don't split the threads when you are stitching over it. It usually comes with a blue thread woven every five grids parallel to the selvedge, so it's easy to align it perfectly for basting to your dress, jacket, etc., which is necessary to keep your pattern straight.

As you decide on design placement, consider that the weight of the beads can distort the hang of the garment if the design isn't spread evenly side to side and back to front (this dress features a butterfly on each back shoulder to counter-weight the front—**photo e**, p. 18). Also, test all beads for colorfastness under the cleaning methods you plan to use for the garment.

After picking a motif or pattern for beading (this one is adapted from *Berlin Work: Samplers and Embroidery* *of the Nineteenth Century,* published by Lacis and DMC), baste the interfacing between the lining and the garment or on the inside of the garment. Next, baste the waste canvas on the outside. Align a grid line vertically and horizontally at the center. Start at the center and use continental stitch (**figure**) to bead the graphed pattern through all layers onto the dress. Use a blunt-point needle to help avoid splitting canvas threads. When you have finished the beadwork, carefully remove all waste canvas threads.

### getting started

❶ Cut the featherweight interfacing to follow the neckline contour of the dress and insert it between the lining and the outer fabric. Make sure that all layers are flat and that interfacing backs all areas you plan to bead. (Since

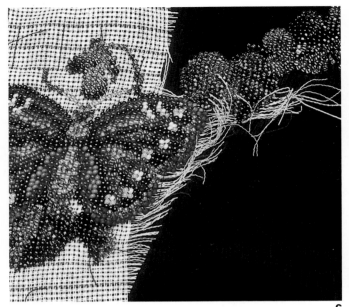

c

d

e

you cannot bead in a frame, the interfacing will help to stabilize the stitches and will prevent excessive bias.) Pin the interfacing in place and baste if desired.

❷ Find the vertical center of the waste canvas (perpendicular to the blue threads) and the vertical center of the garment and pin the waste canvas along the centerline. Make sure the canvas covers all the parts of the dress you plan to bead and that the

back and front of the dress are not pinned together.

❸ Baste the layers together, making the basting stitches ten grids long and ten grids apart. This helps you keep track of your place in the pattern. Remove the pins.

❹ Make a color key to match the beads you've chosen with the chart.

### beading continental stitch
Continental stitch is distinguished from tent

stitch or half-cross stitch because the thread on the back forms a long diagonal line rather than a short horizontal or vertical line.

❶ You can start beading anywhere on the center motif, but count stitches and gridlines to ensure that the center motif will be well placed on the dress—neither too high nor too low.

❷ Thread a blunt-point beading needle with 1-2 yd. (.9-1.8m) of beading thread and bring the needle out from the inside of the garment at the end of a line of beads (**photo a**, p. 17). Continental stitch can be worked in any direction (**figure**, p. 17). But alternate the direction to help reduce bias, which will be extreme if you work every row in the same direction.

❸ Keep checking to make sure your image follows the neck edge the way you want it to.

❹ If the motifs spread too widely or come in too tightly, cut around the next motif, using a photocopy or hand-colored version of the pattern, and move it outward, inward, upward,

or downward in relation to the previous motif. Fill in any gaps created with more graph paper and tape. Then redraw and color the altered contour of the motif (**photo b**, p. 17).

❺ After beading one side of the neck edge, work the other side as a mirror image by reversing the chart.

### finishing
❶ When you have completed the beadwork, cut away the waste canvas a few threads beyond the edge of the beading. Be careful not to snip the garment.

❷ Now, begin raveling the waste canvas and pulling the threads out from between the beads and the garment one at a time (**photo c**). Use your chainnose pliers for a smooth, strong pull (**photo d**). Support the beadwork with your other hand as you pull. Take your time and don't force anything; you could break a beading thread. Use embroidery scissors to snip a waste canvas thread where it seems stuck. ●
– Alice Korach

CONSEJOS PRÁCTICOS, Y RICAS RECETAS PARA UNA VIDA MEJOR

# HÁBITOS
## QUE SANAN

MONICA FUKUDA CON DAVID K FUKUDA, M.D.

Segunda Edición

2ª Edición Publicado 2019, por Typo Fire
www.typofire.com

1ª Edición Publicado 2016 por SOULS
PUBLISHING

Impreso en los Estados Unidos.

Copyright © 2016 SOULS PUBLISHING,
Prescott, Arizona.

**PRECAUCIÓN**
La información contenida en este libro
no pretende sustituir el consejo médico o
tratamiento. El lector debe consultar a un
médico en los asuntos relacionados con
su / su salud y en particular con respecto
a cualquiera de los síntomas que pueden
requerir diagnóstico o atención médica.

Las citas de las Escrituras están tomadas de
Versión Reina-Valera 1960 ©

Diseño diseñado por Ricardo Camacho y
Kayla Marcoux Cornwell.

Portada y contenido de la página diseñada
por Robert Koorenny.

Los tipos de letra utilizados son Mongolian
Baiti, Bebas Neue y Anodyne.

Imágenes: photodune.net, Lightstock.com,
Ricardo Camacho, Germain Rodriguez

Las Recetas fotografiadas por Nathan
Bange
Estilo de comida por Christin Miller

Traducido por Tiphaine Rosario

ISBN 13: 978-0-9851702-6-4

# CONTENIDO

# CÓMO UTILIZAR ESTE LIBRO

## ¿POR QUÉ SE ESCRIBIÓ ESTE LIBRO?

En resumen, queremos cambiar el mundo. Vemos tanta enfermedad, dolor y sufrimiento en las valiosas vidas de los que nos rodean y queremos ayudar a aliviar eso. Queremos decirle al mayor número de personas posible que hay otra manera. Nuestro deseo es compartir con el mundo cómo se puede obtener la verdadera alegría, paz, salud y felicidad.

## ¿POR QUÉ EL MINISTERIO DE CURACIÓN?

Hay un grupo de personas en Loma Linda, California, que fueron el centro de atención en *U.S. News*, ABC News, dos veces en la revista *National Geographic*, en los programas de Oprah Winfrey y The Dr. Oz Show, así como en muchos otros medios de comunicación, por ser uno de los grupos de personas más longevas y más saludables del mundo. Este grupo se compone de muchos grupos étnicos diferentes, por lo que no se puede atribuir su buena salud a la buena genética. ¿Su secreto? Los hábitos que conforman su estilo de vida. Se identifican como Cristianos Adventistas del Séptimo Día, y estos ciudadanos de gran longevidad han seguido diligentemente los hábitos y estilo de vida descritos en el libro *El Ministerio de Curación*.

## EL TEXTO EN GRIS

. . . se ha tomado del libro *El Ministerio de Curación*, con alguna adaptación. Este libro cubre temas de la vida práctica, como un hogar saludable, relaciones sanas con los demás y con Dios, y una vida de bienestar mental y físico.

QUÉDATE **CONECTADO**

 WWW.FACEBOOK.COM/HABITSTHATHEAL

 WWW.HABITSTHATHEAL.ORG

## LAS GRÁFICAS

LOS CUADROS Y GRÁFICOS INFORMATIVOS DE DIFERENTES COLORES ESTÁN BASADOS EN RESULTADOS CIENTÍFICOS QUE DEMUESTRAN CÓMO LA APLICACIÓN DE ESTOS HÁBITOS PUEDEN TENER UN IMPACTO POSITIVO SOBRE NUESTRO BIENESTAR.

## HÁBITOS

LOS HÁBITOS DETERMINAN NUESTRO CARÁCTER Y NUESTRO DESTINO. USTED VERÁ LOS ICONOS CON FORMA DE BOMBILLA AQUÍ ARRIBA JUNTO A LOS DIFERENTES HÁBITOS QUE PUEDEN MEJORAR CONSIDERABLEMENTE SU SALUD CUANDO LOS PONGA EN PRÁCTICA.

QUE USTED Y SUS SERES QUERIDOS SEAN BENDECIDOS AL LEER ESTE LIBRO. A MEDIDA QUE VAYA APLICANDO LOS PRINCIPIOS PRESENTADOS EN ESTAS PÁGINAS, DESEAMOS QUE SU SALUD FÍSICA, MENTAL, EMOCIONAL Y ESPIRITUAL MEJORE EN GRAN MEDIDA. QUE PUEDA EXPERIMENTAR POR USTED MISMO QUE ÉSTOS SON HÁBITOS QUE REALMENTE SANAN.

## EL DOCTOR DICE

CADA CAPÍTULO CONTIENE UNA SECCIÓN LLAMADA "EL DOCTOR DICE," EN LA QUE UN MÉDICO DE LOMA LINDA PRESENTA UNA PERSPECTIVA MÉDICA DE LOS CONCEPTOS PRESENTADOS.

## RAUL Y ANNA

MENCIONAREMOS SUS NOMBRES PERIÓDICAMENTE A LO LARGO DEL LIBRO. A PESAR DE QUE ESTA PAREJA ES FICTICIA, SUS HISTORIAS SE BASAN EN VARIOS ESTUDIOS DE CASOS, DE PERSONAS NORMALES Y CORRIENTES COMO NOSOTROS. PUEDE QUE LE RECUERDEN A SU VECINO, UN AMIGO, UN CONOCIDO, UN COMPAÑERO DE TRABAJO, UN MIEMBRO DE LA FAMILIA, O INCLUSO A SÍ MISMO.

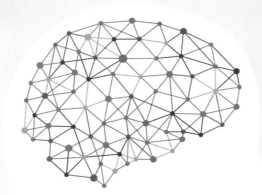

SALUD

ENFERMEDAD

PUEDO

ELEGIR

# EL PODER DE ELEGIR

Raul y Anna no tomaron la decisión de estar sanos en los albores de sus vidas. El camino hacia un buen estado de salud comienza con elegir querer estar sano. Cuanto antes lo decida, más fácil le resultará alcanzar un buen estado de salud.

Durante sus años de escuela secundaria, Raul fue jugador de fútbol americano y comía lo que quería, cuando quería. Aunque dejó de jugar poco después de graduarse, continuó con los mismos hábitos alimenticios hasta que cumplió 40 años. No fue hasta que su padre murió de un ataque al corazón que Raul empezó a considerar el impacto de sus decisiones. No era demasiado tarde para que Raul mejorase su salud, pero habría sido mucho mas fácil si hubiera tomado esa decisión antes.

Decida vivir una vida saludable hoy. Nunca es demasiado pronto, ni demasiado tarde para decidir estar saludable.

El poder de la voluntad no se aprecia debidamente. Mantened (mantega) despierta la voluntad y encaminadla (encaminela) con acierto, y comunicará energía a todo el ser y constituirá un auxilio admirable para la conser-vación de la salud. La voluntad es también poderosa en el tratamiento de las enfermedades. Si se la emplea debidamente, podrá gobernar la imaginación y contribuirá a resistir y vencer la enfermedad de la mente y del cuerpo. Ejercitando la fuerza de voluntad para ponerse en armonía con las leyes de la vida, los pacientes pueden cooperar en gran manera con los esfuerzos del médico para su restablecimiento. Son miles los que pueden recuperar la salud si quieren. El Señor no desea que estén enfermos, sino que estén sanos y sean felices, y ellos mismos deberían decidirse a estar saludables. Muchas veces los enfermizos pueden resistir a la enfermedad, negándose sencillamente a rendirse al dolor y a permanecer inactivos. Sobrepónganse a sus dolencias y emprendan alguna ocupación provechosa adecuada a su fuerza. Mediante esta ocupación y el libre uso de aire y sol, muchos enfermos demacrados podrían recuperar salud y fuerza.

La voluntad acompaña al trabajo manual; y lo que necesitan esos inválidos es que se les despierte la voluntad. Cuando la voluntad duerme, la imaginación se vuelve anormal y se hace imposible resistir a la enfermedad. ~ *El Ministerio de Curación*, página 189,182.

Hay gran poder en la voluntad. Pero, a pesar de cuánta determinación o fuerza de voluntad tenga una persona, hay algunas situaciones que son muy difíciles de cambiar. No sería lógico ni compasivo decirle a una mujer ciega de nacimiento, por ejemplo, que la razón por la que no puede ver es porque ha tomado la determinación de no ver en su corazón. Puede que esta situación no tenga mucho que ver con la voluntad o las decisiones, ¿pero acaso eso significa que esa persona ciega no puede vivir una vida saludable? ¡En absoluto! Hay circunstancias que puede que no podamos cambiar, pero hay decisiones que podemos tomar para mejorar nuestra salud. Existe un pensamiento sencillo y muy conocido, comúnmente llamado la 'Oración de la Serenidad', que sería beneficioso tener presente para entender mejor este concepto del poder de decidir.

### "DIOS, CONCÉDEME LA SERENIDAD PARA ACEPTAR LAS COSAS QUE NO PUEDO CAMBIAR; VALOR PARA CAMBIAR AQUELLAS QUE PUEDO, Y SABIDURÍA PARA RECONOCER LA DIFERENCIA".

Es posible que algunas cosas que deberíamos cambiar estén fuera de nuestro control, pero hay otras que sí podemos cambiar si así lo decidimos. Decida qué necesita cambiar y hágalo para vivir una vida saludable.

Dios nos ha dado la facultad de elección; a nosotros nos toca ejercitarla… Mediante el debido uso de la voluntad, cambiará enteramente la conducta. Al someter nuestra voluntad a Cristo, nos aliamos con el poder divino. Recibimos fuerza de lo alto para mantenernos firmes. Una vida pura y noble, de victoria sobre nuestros apetitos y pasiones, es posible para todo el que une su débil y vacilante voluntad a la omnipotente e invariable voluntad de Dios. ~ *El Ministerio de Curación*, página 131.

Tomemos, por ejemplo, la depresión. El primer paso para tratar la depresión es reconocer que uno está deprimido. El segundo paso es buscar ayuda. Al igual que las personas deprimidas tienen que reconocer su estado y decidir buscar ayuda, nosotros debemos reconocer nuestro estado y decidir que queremos estar saludables. Así como una persona deprimida necesita la ayuda de otros para mejorar, el camino hacia una vida saludable no puede hacerse a solas. También necesitamos que otras personas nos ayuden a mejorar nuestra salud. Del mismo modo que con la depresión, debemos reconocer los beneficios de algunos cambios y darnos cuenta de que necesitamos estar santos, y por ello debemos procurar concienciarnos en cuanto a nuestro estado de salud.

La vida se compone de pequeñas decisiones. Estas pequeñas decisiones están influenciadas por lo que leemos, lo que observamos, lo que escuchamos, con quien nos relacionamos y otros factores. Rodéese de gente positiva que aporte cosas buenas a la mente.

El empleo de los remedios naturales requiere más cuidados y esfuerzos de lo que muchos quieren prestar. El proceso natural de curación y reconstitución es gradual y les parece lento a los impacientes. El renunciar a la satisfacción dañina de los apetitos impone sacrificios. Pero al fin se verá que, si no se le pone trabas, la naturaleza desempeña su obra con acierto y los que perseveren en la obediencia a sus leyes encontrarán recompensa en la salud del cuerpo y del espíritu. - *El Ministerio de Curación*, página 89.

Raul y Anna ya ni se acuerdan de cuántas veces han "decidido" que iban a vivir una vida más saludable y apenas una semana más tarde se encontraban de vuelta donde empezaron. Lo que les suele ocurrir es que los

EL PODER DE LA VOLUNTAD NO SE APRECIA DEBIDAMENTE.

## EL PRIMER PASO HACIA UNA BUENA SALUD ES DECIDIR QUE QUIERE ESTAR SALUDABLE.

primeros días les va bastante bien, y cumplen con el nuevo régimen. Sin embargo, reducir la cantidad de papas fritas y refrescos, hacer más ejercicio o pasar menos horas delante de la televisión y el internet, siempre parece volverse mas difícil pasados unos días.

Tenemos que darnos cuenta y acordarnos de que cambiar requiere tiempo, paciencia y persistencia.

Durante mis años de escuela primaria, recuerdo que experimentaba momentos penosamente vergonzosos en nuestras clases de Educación Física los miércoles. Era entonces cuando teníamos nuestras carreras cronometradas de una milla. No sólo era una de las últimas en terminar la milla, sino que también me desmayaba a menudo por falta de resistencia. No hace falta que diga que no me gustaba correr y que pensar de antemano en los miércoles no me traía ninguna alegría. Aunque el recuerdo me provoque una cálida sonrisa en mi cara ahora, durante esa época de mi vida en la que yo era demasiado insegura para encajar con los demás niños, esos momentos literalmente y de manera simbólica eran penosamente vergonzosos.

Recuerdo que le contaba a mi padre sobre esos

momentos en la escuela, y siendo el buen padre que es, él me decía que sería mi entrenador de correr para que pudiera ser una jovencita fuerte. Recuerdo con ternura algunos de sus consejos, como mover los brazos de cierta manera, respirar con un ritmo determinado y usar el baño antes de correr. Pero hay una cosa que me dijo durante una de mis sesiones de entrenamiento que se quedó grabada en mi corazón, mi mente y mi alma para siempre. Él me dijo: "Muchas cosas que valen la pena en la vida requieren tiempo y esfuerzo."

¿Que cosas valen la pena en su vida? Ya sea que se trate de entrenar para tener un cuerpo con suficiente fuerza para correr o de esforzarse todos los días por tener una vida más saludable, tomará tiempo y esfuerzo. Una década después de esos días de entrenamiento para correr, realicé mi primer medio maratón. Corrí cada pulgada de las 13.1 millas. El año siguiente, hice mi primer maratón de 26.2 millas. ¿Llegó de la noche a la mañana? ¡De ninguna manera! ¡Hice caso a los consejos que mi padre me había dado, y finalmente mejoré, llegué a ser más rápida e incluso comencé a disfrutarlo!

## 1. TOMA UNA DECISIÓN CONSCIENTE TODOS LOS DÍAS DE VIVIR UNA VIDA SALUDABLE.

Así pasa con nuestras decisiones para tener una vida más saludable. No logrará una vida perfectamente saludable de un día para otro. Será más bien el resultado de las muchas decisiones que tomará cada día y cada día estas decisiones determinarán su futuro. Esa jovencita que no podía correr ni siquiera una milla se habría sentido abrumada por la idea de correr 26.2 millas en un día. Del mismo modo, no debemos agobiarnos con el ideal que tenemos para el futuro. Así como esta niña de primaria se enfrentó a un día a la vez, paso por paso, hasta llegar a un punto en el que correr se volvió una experiencia agradable; nosotros debemos vivir un día a la vez, una decisión a la vez, para llegar al punto en el que disfrutaremos de vivir saludablemente.

El futuro de su salud depende en gran manera de las decisiones que tome todos los días. Así como mi padre me dio consejos para correr mejor, este libro está diseñado para darle consejos y hábitos sencillos que pueden ayudarle a correr mejor esta carrera de la vida. Las decisiones que tome hoy, afectarán a su salud mañana. ¿Que elegirá hoy? La decisión es suya.

# EL DOCTOR
## DICE

El primer paso hacia una buena salud es decidir que quiere estar saludable. Si está luchando con enfermedades cardíacas, la diabetes, el cáncer, la hipertensión, la artritis, el colesterol alto, la depresión o cualquier otro problema, el primer paso hacia una vida más sana y feliz es decidir que quiere esas dos cosas.

Lo que elegimos de forma periódica se transforma en un hábito. Los hábitos forman nuestro carácter, y el carácter determina nuestro destino. Las decisiones que tomamos a diario determinan nuestro destino. Así ocurre con nuestra salud. Las decisiones que tomamos afectarán a nuestra salud y determinarán el resultado de nuestro bienestar.

Cambiar su vida por una vida más saludable puede ser como recuperarse de las adicciones. Puede ser difícil y a la vez ayudar en la formación del carácter. Nuevos hábitos deben reemplazar los viejos hábitos. Puede que necesite cambiar su entorno e incluso sus pensamientos; es posible que la dirección de su voluntad deba ser moldeada también. Pero la buena noticia es que estas decisiones se vuelven mas fáciles a medida que se van solidificando como hábitos. Al tomar buenas decisiones sistemáticamente, las decisiones que antes parecían tan difíciles de tomar se convierten en respuestas automáticas. ¡Al final, después de todo el trabajo diligente, estará más saludable! El camino hacia una buena salud es un conjunto de buenas decisiones. Manténgase firme en las decisiones positivas que tome y no cambie lo que más anhela por lo que ahora cree que quiere. Vea la siguiente página para ayudarse a sí mismo a tomar decisiones importantes para vivir una vida saludable.

# ¡APLÍCALO!

**1.** Determine por qué quiere estar sano y saludable. ¿Es para poder disfrutar de la vida al (a lo) máximo? ¿Es para poder ver crecer a sus nietos? ¿Es para poder ver a sus nietos graduarse de la universidad? Establezca objetivos para usted mismo. Escriba una lista de las razones por las cuales quiere estar sano y saludable:

**2.** Decida que quiere estar sano. Escriba una frase sobre su decisión de llegar a estar más sano.

**3.** Encuentre otras personas que quieran estar sanos como usted, y relaciónese con ellos.
   1. Es difícil hacer el trayecto de una vida saludable a solas. ¡Necesita la ayuda de otras personas!
   2. Piense en las personas que tiene alrededor que tienen objetivos de salud parecidos. Ayúdense el uno al otro, cada uno haciéndose responsable de que el otro cumpla con lo que se propone. ¿Quienes son esas personas? Anótelas aquí:

**4.** Haga una evaluación de su vida. ¿Está en el camino cuyo destino es la buena salud? ¿Hay algunos cambios que necesita hacer para poder ser saludable?
   1. A veces es difícil determinar qué cambios mejorarían su salud y es por eso que escribimos este libro. Continúe leyendo para conocer más sobre los hábitos saludables.
   2. ¿Cuáles son los cambios o mejoras que ya sabe que necesita hacer?

**5.** Escriba una breve afirmación que exprese su decisión de hacer los cambios necesarios para mejorar su salud.

**2.** TOME UN MOMENTO TODOS LOS DÍAS PARA RECORDAR SU OBJETIVO DE VIVIR UNA VIDA SALUDABLE.

# AGUA, REGALO DE LA VIDA

¿Por qué es necesaria el agua?

El agua constituye de un 60 a un 70 por ciento de su peso corporal.[1,2] Cada sistema del cuerpo depende del agua. Por ejemplo, se necesita agua para eliminar las toxinas de los órganos vitales, para llevar nutrientes a las células y para proveer un entorno húmedo para los tejidos de las orejas, la nariz y la garganta.[3] No podemos estar mucho tiempo sin agua. Se calcula que una persona puede sobrevivir una semana sin comida, pero solo se puede vivir unos días sin agua.[4,5]

"La falta de agua puede conducir a la deshidratación, una condición que se produce cuando no tiene suficiente agua en su cuerpo para llevar a cabo las funciones normales. Incluso la deshidratación leve puede drenar su energía y hacer sentir cansado." [6]

El agua tiene muchas funciones para el cuerpo. Algunas son: regular la temperatura del cuerpo, proteger y lubricar las articulaciones, limpiar los desechos, transportar nutrientes y oxígeno a las células, y ayudar a disolver minerales y otros nutrientes. El agua también es importante para regular los movimientos intestinales y para mantener los tejidos de la boca, los ojos, la nariz y la piel humedecidos e hidratados. También protege a los órganos vitales y los tejidos, incluyendo el cerebro y la médula espinal.[7]

Estando sanos o enfermos, el agua pura es para nosotros una de las más exquisitas bendiciones del cielo. Su empleo conveniente favorece la salud. Es la bebida que Dios proveyó para apagar la sed de los animales y del hombre. Ingerida en cantidades suficientes, el agua suple las necesidades del organismo, y ayuda a la naturaleza a resistir a la enfermedad. Aplicada externamente, es uno de los medios más sencillos y eficaces para regularizar la circulación de la sangre. Un baño frío o siquiera fresco es excelente tónico. Los baños calientes abren los poros, y ayudan a eliminar las impurezas. Los baños calientes y templados calman los nervios y regulan la circulación. ~ *El Ministerio de Curación*, página 181

## ALGUNAS DE LAS COMPLICACIONES QUE PUEDEN PRODUCIRSE EN EL CUERPO POR FALTA DE AGUA::[8, 9]

1. DESHIDRATACIÓN
2. COAGULACIÓN SANGUÍNEA INTRAVASCULAR
3. ESTREÑIMIENTO
4. MAREO
5. DOLORES DE CABEZA
6. CÁLCULOS RENALES
7. CÁLCULOS BILIARES
8. PIEL SECA
9. SENTIR HAMBRE CUANDO EL CUERPO NO NECESITA COMIDA
10. MORTALIDAD

El agua es una necesidad absoluta para una buena salud. Ahora, puede cualquier tipo de líquido tomar?

## CAFEÍNA:

LAS BEBIDAS CON CAFEÍNA A MENUDO HACEN MÁS DAÑO QUE BIEN A LARGO PLAZO. (VEA LA P. 64) LAS BEBIDAS CON CAFEÍNA PUEDEN SER PEORES PARA EL CUERPO, YA QUE ACTÚAN COMO DIURÉTICOS, LO QUE SIGNIFICA QUE PUEDEN DESHIDRATARLE MÁS QUE HIDRATARLE.

## LOS REFRESCOS:

A. ALTO CONTENIDO DE AZÚCARES Y CALORÍAS
B. PUEDEN CONTENER COLORANTES DE QUÍMICOS DAÑINOS Y/O EDULCORANTES ARTIFICIALES
C. CONTIENEN CAFEÍNA

## LAS BEBIDAS DULCES:

SE HA DEMOSTRADO QUE EL CONSUMO DE BEBIDAS AZUCARADAS AUMENTA EL RIESGO DE PADECER OBESIDAD, DIABETES (TIPO 2), SÍNDROME METABÓLICO, ENFERMEDADES DEL CORAZÓN, GOTA Y PIEDRAS EN EL RIÑÓN (CÁLCULOS RENALES). ESTUDIOS RECIENTES AHORA ESTÁN MOSTRANDO QUE BEBER BEBIDAS AZUCARADAS EN VEZ DE AGUA INCLUSO PUEDE AUMENTAR EL RIESGO DE SUFRIR HIPERTENSIÓN.[10]

Pero son muchos los que no han experimentado nunca los benéficos efectos del uso adecuado del agua, y le tienen miedo. Los tratamientos por el agua no son tan apreciados como debieran serlo, y su acertada aplicación requiere cierto trabajo que muchos no están dispuestos a hacer. Sin embargo, nadie debería disculpar su ignorancia o su indiferencia en este asunto. Hay muchos modos de aplicar el agua para aliviar el dolor y acortar la enfermedad. Todos debieran hacerse entendidos en esa aplicación para dar sencillos tratamientos caseros. Las madres, principalmente, deberían saber cuidar a sus familias en tiempos de salud y en tiempos de enfermedad. ~ *El Ministerio de Curación*, página.181

Por su seguridad y bienestar, por favor consulte con un médico en el caso de heridas, quemaduras u otros problemas. Sin embargo, aquí tiene algunas maneras comunes de usar el agua para aliviar malestares.

### 1. BAÑOS DE FRÍO CALOR[11]

A muchas personas les gusta alternar la temperatura del agua, de caliente a frío para mejorar su circulación. (Puede que esto no sea aconsejable para una persona que sienta que se va a desmayar). No solo se sentirá mejor con una buena circulación de sangre, pero una buena circulación puede prevenir muchas enfermedades y ayudar a mantener una buena salud. Un método comúnmente recomendado es bañarse tres minutos con agua caliente seguido por treinta segundos de agua fría. Repita tres veces y termine con agua fría. Puede ajustar este método fácilmente al nivel deseado de confort.

### 2. TOALLAS FRÍAS Y CALIENTES (HIDROTERAPIA)[12]

Tal y como mencionamos anteriormente, una buena circulación puede ayudar con muchas cosas, incluyendo los dolores musculares. Algunas personas les gusta aplicar toallas mojadas en agua fría y caliente de forma alternada sobre sus músculos inflamados para mejorar el flujo sanguíneo. ¡Tenga cuidado de no quemarse! Es necesario tener precaución, en particular las personas con diabetes o los que tienen nervios dañados por lesiones o cirugía.

### 3. COMPRESA FRÍA O DE HIELO

Aplicar hielo o algo frío puede aliviar el dolor o la hinchazón en algunas lesiones leves como un tobillo torcido y dedos aplastados. También puede ayudar con quemaduras leves. De nuevo, sea prudente y consulte con un médico profesional si es necesario.

### 4. BAÑOS

Baños en hierbas aromáticas, de burbujas —todos pueden ser muy relajantes—. Remojarse en una bañera llena de agua tibia con un aroma agradable o solo agua, puede ser muy relajante y ayudar aliviar estrés·

### 5. BAÑOS DE PIES

Remojar sus pies en agua tibia y limpia también puede tener un efecto relajante para algunos. Puede ser especialmente beneficioso para los diabéticos para limpiar sus pies de forma rutinaria ya que pueden tener una disminución de sensibilidad y ser más propensos a desarrollar infecciones, contusiones y/o cortarse.

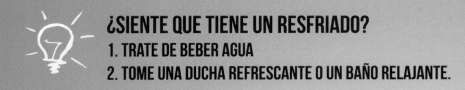

## ¿SIENTE QUE TIENE UN RESFRIADO?
### 1. TRATE DE BEBER AGUA
### 2. TOME UNA DUCHA REFRESCANTE O UN BAÑO RELAJANTE.

A muchas personas les aprovecharía un baño frío o tibio cada día, por la mañana o por la noche. En vez de aumentar la propensión a resfriarse, el baño, tomado debidamente, fortalece contra el frío, pues estimula la circulación. La sangre es atraída a la superficie, de modo que circula con mayor facilidad, y vigoriza tanto el cuerpo como la mente. Los músculos se vuelven más flexibles, la inteligencia más aguda. El baño calma los nervios. Ayuda a los intestinos, al estómago y al hígado, y favorece la digestión. ~ *El Ministerio de Curación*, página 210.

¡El agua no solo es buena para beber y consumir, sino para bañarse también! Los baños diarios no solo lo mantendrán limpio, sino que además mejorarán su circulación.

# EL DOCTOR DICE

La cantidad ideal de agua que se debe beber varía según la persona y las circunstancias individuales. Algunos pueden necesitar más en función de sus circunstancias, como por ejemplo su nivel de actividad y el clima de la zona. Esta es una fórmula general que será diferente de persona a persona.

| ¿CUÁNTA AGUA DEBE CONSUMIR A DIARIO? * | |
|---|---|
| 100 LBS | 50 oz  (6-7 vasos de agua)** |
| 130 LBS | 65 oz  (8-9 vasos de agua)** |
| 150 LBS | 75 oz  (9-10 vasos de agua)** |
| 180 LBS | 90 oz   (11-12 vasos de agua)** |
| 200 LBS+ | 100 oz+ (12+ vasos de agua)** |

*La mitad de su peso en onzas. Su peso (en libras)/2 = cantidad de agua a consumir a diario.
**Cálculo basado en vasos de 8 onzas.

1. Es mejor beber entre las comidas. Evite beber cantidades excesivas de agua con sus comidas.
2. Otra manera muy práctica de averiguar si está bebiendo suficiente agua es observar el color y el olor de su orina. Cuanto más claro el color y menos intenso el olor, más hidratado estará. Cuanto más oscuro el color, y fuerte el olor, más deshidratado se encontrará. *Aviso: Algunos medicamentos y/o suplementos pueden cambiar el color y el olor de su orina independientemente de la cantidad de agua que beba.*
3. Si le cuesta beber agua sola, pruebe añadiendo una rodaja de limón u otra fruta o verduras. (El pepino y las fresas son dos de mis preferidos).

a acción constituye una ley de nuestro ser. Cada órgano del cuerpo tiene su función señalada, de cuyo desempeño depende el desarrollo y la fuerza de aquél. El funcionamiento normal de todos los órganos da fuerza y vigor, mientras que la tendencia a la inacción conduce al decaimiento y a la muerte. Inmovilícese un brazo, siquiera por algunas semanas, suéltesele después y se verá cuanto más débil resulta que el otro que siguió trabajando con moderación durante el mismo tiempo. Igual efecto produce la inacción en todo el sistema muscular.

La inacción es causa fecunda de enfermedades. El ejercicio aviva y regula la circulación de la sangre; pero en la ociosidad la sangre no circula con libertad, ni se efectúa su renovación, tan necesaria para la vida y la salud. La piel también se vuelve inactiva. Las impurezas no son eliminadas como podrían serlo si un ejercicio activo estimulara la circulación, mantuviera la piel en condición de salud, y llenara los pulmones con aire puro y fresco. Tal estado del organismo impone una doble carga a los órganos excretoras y acaba en enfermedad.

Hay pastores, maestros, estudiantes y otros que hacen trabajo mental, que enferman a consecuencia del intenso esfuerzo intelectual, sin ejercicio físico compensativo. Estas personas necesitan una vida más activa. Los hábitos estrictamente templados, combinados con ejercicio adecuado, darían vigor mental y físico a todos los intelectuales y los harían más resistentes.

A los que han sobrecargado sus fuerzas físicas no se les debe aconsejar que desistan por completo del trabajo manual. Para que éste sea lo más provechoso posible, debe ser ordenado y agradable. El ejercicio al aire libre es el mejor; pero debe hacerse gustosamente y de modo que fortalezca los órganos débiles, sin que nunca degenere en penosa faena.

Cuando los inválidos no tienen nada en que invertir su tiempo y atención, concentran sus pensamientos en sí mismos y se vuelven morbosos e irritables. Muchas veces se espacian en lo mal que se sienten, hasta figurarse que están mucho peor de lo que están y creer que no pueden hacer absolutamente nada.

En todos estos casos un ejercicio físico bien dirigido resultaría un remedio eficaz. En algunos casos es indispensable para la recuperación de la salud. La voluntad acompaña al trabajo manual; y lo que necesitan esos inválidos es que se les despierte la voluntad. Cuando la voluntad duerme, la imaginación se vuelve anormal y se hace imposible resistir a la enfermedad.

La inacción es la mayor desdicha que pueda caer sobre la mayoría de los inválidos. Una leve ocupación en trabajo provechoso, que no recargue la mente ni el cuerpo, influye favorablemente en ambos. Fortalece los músculos, mejora la circulación, y le da al inválido la satisfacción de saber que no es del todo inútil en este mundo tan atareado. Poca cosa podrá hacer al principio; pero pronto sentirá

crecer sus fuerzas, y aumentará la cantidad de trabajo que produzca.

El ejercicio es provechoso al dispéptico, pues vigoriza los órganos de la digestión. El entregarse a un estudio concentrado o a un ejercicio físico violento inmediatamente después de comer entorpece el trabajo de la digestión; pero un corto paseo después de la comida, andando con la cabeza erguida y los hombros echados para atrás, es muy provechoso.

No obstante todo cuanto se ha dicho y escrito respecto a la importancia del ejercicio físico, son todavía muchos los que lo descuidan. Unos engordan porque su organismo está recargado; otros adelgazan y se debilitan porque sus fuerzas vitales se agotan en la tarea de eliminar los excesos de comida. El hígado queda recargado de trabajo en su esfuerzo por limpiar la sangre de impurezas, lo cual da por resultado la enfermedad.

Los de hábitos sedentarios deberían, siempre que el tiempo lo permitiera, hacer ejercicio cada día al aire libre, tanto en verano como en invierno.

En muchos casos este ejercicio es más eficaz para la salud que los medicamentos. Los médicos recetan muchas veces un viaje por mar, o alguna excursión a fuentes minerales, o un cambio de clima, cuando en los más de los casos si los pacientes comieran con moderación, y con buen ánimo hicieran ejercicio sano, recuperarían la salud y ahorrarían tiempo y dinero. ~ *El Ministerio de Curación,* página. 181-184.

# BENEFICIOS DEL EJERCICIO[1,2]

## LOS BENEFICIOS DE HACER EJERCICIO REGULARMENTE SON INNUMERABLES, PERO AQUÍ ESTÁN ALGUNOS:

- MENOR RIESGO DE MUERTE PREMATURA
- MENOR RIESGO DE ENFERMEDAD CORONARIA
- MENOR RIESGO DE UN DERRAME CEREBRAL
- MENOR RIESGO DE PRESIÓN ARTERIAL ALTA
- MENOR RIESGO DE DIABETES TIPO 2
- MENOR RIESGO DE CÁNCERES DE COLON, MAMA, PULMÓN Y ENDOMETRIO.
- MEJOR SALUD ÓSEA
- MEJOR CAPACIDAD CARDIORRESPIRATORIA Y MUSCULAR
- MEJOR CALIDAD DE SUEÑO
- MEJOR DIGESTIÓN Y ELIMINACIÓN

- MEJOR COLESTEROL TOTAL
- MAYOR FLEXIBILIDAD DE LAS ARTICULACIONES
- REDUCCIÓN DE SÍNTOMAS DE DEPRESIÓN
- MEJOR FUNCIÓN COGNITIVA
- PESO CORPORAL SALUDABLE
- PIEL MÁS SALUDABLE
- MENOS GRIPE Y RESFRIADOS

## A CONTINUACIÓN SE EXPLICAN ALGUNOS DE LOS BENEFICIOS DEL EJERCICIO:

### 1 MANEJO DEL ESTRÉS

El ejercicio puede liberar sustancias químicas llamadas endorfinas. "Estos químicos te dan una sensación de alegría y afectan positivamente tu sensación general de bienestar."

### 2 FORTALEZA DE LOS HUESOS

Un estilo de vida activo beneficia la densidad ósea. Hacer ejercicio regularmente con pesas estimula la formación del hueso, retrasa la pérdida de hueso y puede proteger contra la osteoporosis.[4]

### 3 SISTEMA INMUNE MÁS FUERTE

Hacer ejercicio moderado regularmente puede tener un efecto beneficioso sobre la función inmune. Los resultados de algunas investigaciones apoyan la posibilidad de que el ejercicio pueda retrasar la inmunosenescencia, la disminución en la función inmune por causa de la edad.[5]

### 4 REMEDIO PARA EL DOLOR DE ESPALDA

Al aumentar la fuerza muscular y resistencia, y mejorar la flexibilidad y la postura, el ejercicio regular puede ayudar a prevenir el dolor de espalda.[6]

### 5 MEJORA SU MEMORIA Y SU CAPACIDAD DE APRENDIZAJE

El ejercicio estimula la formación de nuevas células en el cerebro. También, fortalece las conexiones entre esas células. Las zonas del cerebro que se estimulan con el ejercicio están asociadas a la memoria y el aprendizaje.[7]

### 6 MEJOR FUNCIÓN COGNITIVA PARA TODAS LAS EDADES

La actividad física mejora el rendimiento cognitivo, el procesamiento de información y puede retrasar el deterioro cognitivo y la demencia. Por ejemplo, los adultos de más edad que hacen alguna actividad física regularmente muestran un mejor rendimiento en los exámenes que requieren un proceso de toma de decisiones, memoria y resolución de problemas. ¿Y qué pasa con los niños? Investigadores de la Universidad de Illinois han descubierto que la actividad física puede mejorar los logros académicos de los niños al mejorar su atención y la función de memoria de trabajo o memoria a corto plazo.[8]

**EL EJERCICIO EN NUMEROSOS CASOS AYUDA MÁS QUE MEDICAMENTO PARA MEJORAR LA SALUD.**

El ejercicio es uno de los hábitos que puede compensar otros muchos malos hábitos o la falta de buenos hábitos. Por ejemplo, Raul podía comer lo que quería y cuando quería en su juventud sin ganar una libra, en parte porque era un atleta muy activo. Hubo otros factores como su juventud y el hecho de que tuviera un metabolismo mejor que le permitía comer sin límites sin ganar nada de grasa al parecer; pero el ejercicio le ayudó a quemar las calorías en definitiva.

¡Un articulo publicado en la revista Time destacó un estudio en el que los resultados mostraron que la falta de ejercicio causa tantas muertes prematuras como fumar! Véase un fragmento del artículo:

*"El nuevo informe estima que cerca de 5,3 millones de las 57 millones de muertes en todo el mundo en 2008 podría atribuirse a la inactividad, en gran parte debido a cuatro enfermedades principales: enfermedades cardíacas, diabetes tipo 2, cáncer de mama y cáncer de colon. El estudio revela que si la inactividad física se redujera en tan sólo el 10%, se podrían evitar unos 533.000 muertes al año; si se redujera en un 25%, se podrían evitar unas 1,3 millones de muertes."* [9]

Aunque el ejercicio puede ayudar a compensar otros malos hábitos o la falta de buenos hábitos, eso no significa que esté bien ignorar las leyes de la salud. Juntos estos hábitos llevan a la salud y curación y nos ayudan a obtener una salud óptima.

Ahora que ha visto los grandes efectos positivos del ejercicio y los grandes efectos negativos que se derivan de una falta del mismo, ¿qué es lo siguiente? Muchas personas tienen dificultades para mantener su compromiso de hacer ejercicio regularmente. Por eso, les dejamos algunas sugerencias como ayuda:

## 1. PROGRÁMELO

¿Por qué no nos lo pensamos dos veces cuando tenemos una cita con el médico u otra cita importante? Una de las razones es que está programada. Lo apuntamos en nuestros calendarios o en nuestros teléfonos. Tomamos nota mental con antelación en vez de ir al médico cuando es conveniente para nosotros. Organizamos nuestros otros compromisos del día entorno a esa cita. Sacamos tiempo para ello. Mantener estas citas importantes es una prioridad en nuestra lista. Así es como debemos tratar nuestros tiempos de ejercicio. Es muy importante para su salud; prográmelo en su rutina diaria.

## 2. REALICE VARIAS TAREAS DURANTE EJERCICIO

Una respuesta muy común a la pregunta de por qué una persona no hace ejercicio de forma regular es la falta de tiempo. Hoy en día la cultura americana parece adoptar este deseo constante de hacer tanto como sea posible en el menor tiempo posible. Hoy el americano promedio parece tener mucho que hacer en muy poco tiempo. Por lo tanto, piense en algunas cosas que podría hacer durante su ejercicio para aprovechar su tiempo o regálese algo que desea, como escuchar sus audiolibros o hablar con amigos o seres queridos por teléfono mientras camina o corre.

## 3. HAGA EJERCICIO CON AMIGOS O EN GRUPO

Tener una persona a quien rendirle cuentas hace que mantener nuestros compromisos sea mucho más fácil. No importa si es consiguiendo un compañero de correr o participando en una clase de gimnasia con otras veinte personas, tener a otras personas haciendo lo mismo que usted puede aumentar su motivación para continuar. Además, contar con otras personas puede convertirlo en un evento social divertido.

## 25%
### SI LA ACTIVIDAD FÍSICA SE INCREMENTÓ EN SÓLO EL 25%, SE PODRÍAN EVITAR 1.3 MILLONES DE MUERTES.

# QUE SEA UN ESTILO DE VIDA

- Siéntese encima de una pelota de ejercicio en lugar de una silla. Esto le ayudará a mejorar su y sus músculos abdominales trabajarán más.

- Toma las escaleras en lugar del ascensor.

- No busque el estacionamiento más cercano, busque uno más lejos para que tenga que caminar.

- Trate de llevar sus compras de la tienda al auto en vez de llevarlas en un carrito.

- Cuando esté comprando, trata de usar la cesta en lugar del carrito.

- Considere tener una reunión mientras camina si es solo con dos o tres personas. Esto también funciona si quiere charlar con un ser querido.

- Comience a hacer jardinería.

- Considere cualquier tiempo de espera como la oportunidad perfecta para hacer ejercicio!!

  - Haga tracciones contra la pared o estiramientos mientras espera por la fotocopiadora o el fax.

  - Extienda y estire su cuello y sus hombros mientras espera en un semáforo.

  - Levántese y camine cuando esté abordo de un avión.

## 4. HAGA UN TIPO DE EJERCICIO QUE LE GUSTE

Encuentre un ejercicio que no vea como un trabajo pesado. Algunas personas disfrutan jugando deportes de equipo. Otros disfrutan haciendo una caminata enérgica en el bosque. Otros disfrutan de la jardinería, cortando leña o sintiéndose productivos mientras hacen ejercicio. Hay una miríada de actividades posibles. Si no ha encontrado el ejercicio que se adapta a su personalidad, siga probando diferentes actividades. ¡Diviértase al hacer ejercicio!

## 5. TENGA UNA VIDA ACTIVA

La forma mas fácil de no saltarse el ejercicio es incorporarlo en su vida diaria. Aunque tener un tiempo designado para hacer ejercicio vigoroso puede beneficiar nuestra salud en gran manera, no siempre tenemos el tiempo de hacerlo. Vea la siguiente información para obtener algunas ideas de cómo mantenerse activo aún en el trabajo, en la casa o haciendo tareas:

Raul y Anna podrían mejorar su salud enormemente si siguiesen los conceptos anteriores. Podrían matricularse en una clase o en un grupo de ejercicio. Podrían comenzar a hacer jardinería o incorporar algunas de las sugerencias para tener un estilo de vida activo. Incluso podrían tener «citas de ejercicio» juntos y turnarse haciendo el tipo de ejercicio que a cada uno le gusta.

# EL DOCTOR DICE

A menudo no se valora la importancia del ejercicio regular. El ejercicio apropiado en muchos casos podría hacer más para mejorar la salud que las elecciones de comida adecuada.

- Es muy dañino estar sentado durante largos períodos de tiempo sin hacer ninguna pausa. Considere la opción de conseguir una mesa alta si lo necesita, para que pueda estar de pie y trabajar.

- Caminar es un ejercicio excelente. Caminar de quince a treinta minutos después de comer podría hacer una gran diferencia en su salud. Aun cuando no pueda caminar, todavía puede hacer ejercicio. Comience moviendo lo que pueda —sus brazos, piernas o cualquier cosa que pueda.

- ¡¡Haga ejercicio, ejercicio y más ejercicio!! ¡Pero evite las lesiones!

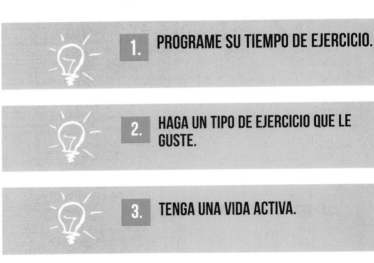

**1.** PROGRAME SU TIEMPO DE EJERCICIO.

**2.** HAGA UN TIPO DE EJERCICIO QUE LE GUSTE.

**3.** TENGA UNA VIDA ACTIVA.

# TESTIMONIO

# MADDY

Durante su tercer año de universidad, Maddy se dio cuenta que necesitaba ayuda con la depresión. Ella fue a un programa de recuperación de la depresión de diez días, puso en práctica las cosas que le enseñaron para superar esta enfermedad, ¡y está feliz de poder decir que ella es una persona completamente nueva! Pero el camino no fue tan corto ni tan fácil como suena.

## YO YA NO ESTOY DEPRIMIDA. POR SUPUESTO, ES POSIBLE QUE TENGA DÍAS DIFÍCILES Y ME SIENTA MOLESTA COMO TODOS LOS DEMÁS, PERO EN GENERAL ESTOY CONTENTA.

Maddy fue abusada sexualmente cuando era una niña. Entonces ya tuvo problemas con el insomnio, el dolor ocasionado por varias lesiones deportivas, y una mala imagen de sí misma a lo largo de su vida. Con el tiempo se desarrolló la depresión, pero estaba enmascarada detrás de sus buenas calificaciones, atletismo, talentos musicales, y otros logros positivos que se veían en el exterior. Comer también se convirtió en una manera de tomar el control de su vida. Expresó su deseo por los dulces debido a la buena sensación que le daban al comerlos. Para encontrar valor personal, trabajaba de forma excesiva y sin piedad con el fin de tener las mejores calificaciones. Muchos se sorprendieron de que siendo ella tan buena en todo lo que hacía, en el fondo tenía un corazón herido, que luchaba por alcanzar una buena autoestima y liberación de la depresión.

En el programa de recuperación de la depresión, Maddy recibió asesoramiento para corregir su forma de pensar auto-destructiva, así como para mejorar su autoestima en Jesucristo. Los médicos hicieron pruebas y encontraron diferentes maneras para que ella pudiera encontrar el equilibrio físico y también en otros aspectos de su vida.

Ella se hizo un horario muy estructurado, de ir a la cama a las 21:00 y despertarse a las 6 de la mañana. Se impuso una dieta estricta a base de plantas y comió una gran cantidad de alimentos ricos en triptófano y omega-3, como las semillas de lino, nueces, frijoles, col rizada y otras frutas y verduras frescas. Dejó de usar las computadoras u ordenadores portátiles, teléfonos y otros dispositivos electrónicos durante el programa. Hizo ejercicio vigoroso, pasando de dos a tres horas al día haciendo senderismo y caminando al aire libre, respirando aire fresco. También se sometió a tratamientos de agua, sumergiéndose y alternando baños de agua fría y caliente para mejorar su circulación, especialmente en el cerebro.

A través de estos buenos hábitos, asesoramiento y actividades espirituales, Maddy empezó a sentir cómo se despejaba su mente, su dolor físico disminuyó, y se ilusionó con la posibilidad de recuperación. El programa en sí duró sólo diez días, pero ella fue instruida y equipada para llevar a cabo estos hábitos en su vida cotidiana. A pesar de que mantener estos buenos hábitos era mucho más difícil fuera del programa, ella perseveró y siguió diligentemente el plan de recuperación prescrito por sus médicos con un objetivo en mente, recuperarse de la depresión.

Con la ayuda de sus seres queridos y por la gracia de Dios, Maddy se ha recuperado de la depresión. Ella dice: «Yo ya no estoy deprimida. Por supuesto, es posible que tenga días difíciles y me sienta molesta como todos los demás, pero en general estoy contenta. Ya no tengo ese gran peso con el que cargaba. He podido compartir la experiencia que he tenido con los demás y ayudar a otros que están luchando con la depresión». Hoy en día, Maddy hace precisamente eso. Ella se siente inmensamente feliz sirviendo a Jesús y ayudando a otros a encontrar esa misma paz y alegría que ella ha encontrado.

> EL AIRE PURO, EL SOL, LA ABSTINENCIA, EL DESCANSO, EL EJERCICIO, UN RÉGIMEN ALIMENTICIO CONVENIENTE, EL AGUA Y LA CONFIANZA EN EL PODER DIVINO SON LOS VERDADEROS REMEDIOS.
> ~ *EL MINISTERIO DE CURACIÓN*, PÁGINA 89.

# EL DESCANSO ES MEJOR

anto Raul como Anna suelen dormir unas seis horas cada noche. Ambos beben café durante el día para mantenerse despiertos y alerta. No ven ningún problema en su estilo de vida. No creen que es necesario conseguir mejor calidad de sueño por la noche, ya que su problema de somnolencia se resuelve bebiendo un poco de cafeína. Pero de lo que no se dan cuenta es que el propósito de dormir lo suficiente y bien va más allá de tener energía para el día. La calidad y la cantidad de sueño puede afectar su peso, el riesgo de padecer enfermedades, su piel, su bienestar mental, emocional y espiritual, y muchos otros aspectos de su salud. Continúe leyendo para aprender más.

Para entender por qué necesitamos una cantidad adecuada de descanso para una buena salud, es útil conocer lo que realmente ocurre cuando dormimos.

### ¿QUÉ OCURRE CUANDO DORMIMOS?

En resumen, al dormir nuestros cuerpos se reparan, rejuvenecen, y crecen. Dormir es importante para un buen rendimiento cerebral, un cuerpo saludable, y es un tiempo en el que los niños y los adolescentes crecen.[1]

### HAY CINCO ETAPAS DEL SUEÑO[2]

**ETAPA 1:** La etapa más ligera del sueño. Esta es la etapa entre estar despierto y dormirse.

**ETAPA 2:** Esto es el inicio del sueño. Empieza a desconectarse de sus alrededores y su temperatura corporal tiende a bajar.

**ETAPAS 3 Y 4:** Estas etapas son las más profundas y regeneradoras del sueño. La presión arterial baja, disminuye el ritmo de la respiración, los músculos se relajan y aumenta el flujo de sangre hacia los mismos, se pone en funcionamiento el crecimiento y la reparación de tejidos, la energía se restaura y las hormonas se liberan. Cuando las personas se despiertan durante estas etapas se pueden sentir mareadas o desorientadas por unos minutos. Algunos niños pueden experimentar la enuresis (mojar la cama), pesadillas o sonambulismo durante estas etapas.

**ETAPA DEL SUEÑO REM:** también conocida como la etapa de "movimiento rápido del ojo", porque los ojos se mueven muy rápido (hacia delante y hacia atrás). Durante esta etapa el cerebro está activo y se tienen los sueños. El cuerpo se vuelve inmóvil y se relaja, por eso las personas no exteriorizan sus sueños. Esta etapa suele ocurrir unos noventa minutos después de que uno se quede dormido.

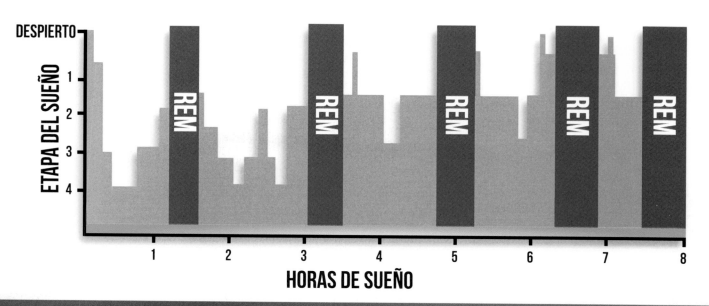

Aunque las formas de dormir varían de persona a persona, un ciclo del sueño típico, a través de las etapas del sueño, puede parecerse al gráfico de arriba. Entramos en la etapa del sueño REM aproximadamente de setenta a noventa minutos después de quedarnos dormidos y solemos pasar por las dos primeras etapas del sueño y del sueño REM a medida que nos acercamos a la mañana.[3]

# ¿POR QUÉ ES IMPORTANTE DORMIR?

Se ha relacionado la falta de sueño o un sueño de poca calidad con muchos problemas y dolencias. Aquí están algunos de los riesgos más comunes asociados con problemas de dormir.

### 1. LA OBESIDAD[4, 5]

Se ha asociado la privación del sueño con niveles más bajos de leptina —una hormona que indica al cerebro que ha consumido suficiente comida y está lleno— y niveles mas altos de grelina —otra hormona que estim-

ula el apetito—. Como resultado, nos encontramos con un cuerpo al que le cuesta determinar cuándo ha tenido suficiente para comer y por lo tanto tiene mayor deseo de comer más. Además de este cambio psicológico, cuando no conseguimos dormir lo suficiente, sencillamente estaremos demasiado cansados para hacer ejercicio y quemar esas calorías adicionales.

### 2. MAYOR RIESGO DE ENFERMEDAD

Algunos estudios han mostrado que la falta de sueño puede alterar la forma en la que el cuerpo procesa la glucosa, lo que puede conducir a la diabetes.[6] En otro estudio en el que se hizo una simulación con jóvenes sanos de los patrones alterados de sueño de trabajadores con distintos turnos de trabajo, se mostró que en un período de tan solo cuatro días, el treinta por ciento de los jóvenes tenía unos niveles de azúcar que hacían que fueran clasificados como prediabéticos.[7]

## DORMIR MAL ES ESTÁ VINCULADA A A UN MAYOR RIESGO DE...[8, 9]

- Diabetes
- Enfermedad del corazón
- Derrames Cerebrales
- Enfermedad del riñón
- Hipertensión

### 3. MENOR REACCIÓN DEL SISTEMA INMUNOLÓGICO

Varias investigaciones han indicado que cuanto más privados de sueño estamos, menos capaz es el sistema inmune de hacer su trabajo. Nuestros cuerpos se vuelven menos capaces de luchar contra los resfriados, la gripe e incluso las infecciones.[10, 11]

## 4. TRASTORNOS DEL ESTADO DE ÁNIMO

Todos lo hemos experimentado —algunos más que otros—. Nos vamos a la cama tarde o nos quedamos despiertos toda la noche para cumplir con un plazo límite o una fecha de entrega o estudiando para un examen y el día siguiente, nos sentimos agotados —físicamente y emocionalmente—. Muchas personas se vuelven más irritables, tienen más cambios de humor, les cuesta llevarse bien con otras personas y se sienten más estresados. Otros comportamientos pueden incluir el enfado, la tristeza, dificultad para prestar atención, y/o sentirse impulsivo. Se ha vinculado el déficit de sueño a largo plazo con otros trastornos graves como: la depresión, el suicidio y otras conductas de riesgo.[12]

## 5. MAYOR RIESGO DE LESIONES

Se ha vinculado la falta de sueño con muchos desastres conocidos, como la destrucción del transbordador espacial 'Challenger', la puesta en tierra del Exxon Valdez, explosiones nucleares y otros errores laborales. Estudios demuestran también que más de uno de cada cinco accidentes de tráfico en los Estados Unidos es el resultado de manejar con sueño. Eso es un millón de accidentes al año que podrían evitarse si tan solo durmiéramos lo suficiente.[13] Cuando estamos muy cansados es más probable que tropecemos, nos caigamos por las escaleras o nos cortemos mientras preparamos la cena. Accidentes como estos podrían tener graves consecuencias.

## 6. FUNCIÓN MENTAL PERJUDICADA

Todos lo hemos experimentado en algún momento. Nuestras mentes se sienten más lentas cuando no conseguimos dormir lo suficiente. Algunos estudios muestran que cuando conseguimos dormir bien, nuestra capacidad de aprendizaje y nuestras habilidades para resolver problemas mejoran. También nos ayuda a concentrarnos mejor, a tomar decisiones con más facilidad y a ser más creativos.[14] Cuando no dormimos lo suficiente, es más probable que cometamos errores extraños, como dejar nuestras llaves en la nevera sin querer.[15]

Incluso nuestra memoria se ve afectada por nuestro sueño. "Estudios han mostrado que mientras dormimos, nuestros cerebros procesan y consolidan nuestros recuerdos del día."[16] Al parecer, cuando no dormimos lo suficiente, esos recuerdos no se almacenan correctamente, o se pueden perder por completo.

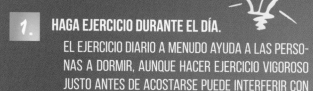

## SUGERENCIAS PARA DORMIR BIEN[17,18]

**1.** **HAGA EJERCICIO DURANTE EL DÍA.**
EL EJERCICIO DIARIO A MENUDO AYUDA A LAS PERSONAS A DORMIR, AUNQUE HACER EJERCICIO VIGOROSO JUSTO ANTES DE ACOSTARSE PUEDE INTERFERIR CON EL SUEÑO.

**2.** **MANTENGA SU HABITACIÓN OSCURA Y A UNA TEMPERATURA CONSTANTE.**

**3.** **GUARDE LAS COMPUTADORAS Y ORDENADORES PORTÁTILES, PANTALLAS, TABLETAS (TECNOLÓGICAS), TELÉFONOS MÓVILES Y CUALQUIER OTRO DISPOSITIVO ELECTRÓNICO CUANDO SE ESTÁ PREPARANDO PARA IR A DORMIR.**

**4.** **SIGA UN HORARIO REGULAR PARA DORMIR Y LEVANTARSE TODOS LOS DÍAS, INCLUSO LOS FINES DE SEMANA.**

**5.** **EVITE LA CAFEÍNA, EL ALCOHOL Y LA NICOTINA.**

**6.** **EVITE COMIDAS Y PICAR TARDE POR LA NOCHE.**
SU CUERPO TENDRÁ QUE CONTINUAR DIGIRIENDO DURANTE LA NOCHE, HACIENDO MÁS DIFÍCIL QUE CONSIGA SUEÑO DE BUENA CALIDAD.

**7.** **NO SE QUEDE DESPIERTO ACOSTADO EN LA CAMA.**
SI NO CONSIGUE DORMIRSE, NO SE QUEDE ACOSTADO EN LA CAMA. LEVÁNTESE Y HAGA OTRA COSA HASTA QUE TENGA SUEÑO. EL ESTRÉS DE NO PODER QUEDARSE DORMIDO PUEDE CONTRIBUIR AL INSOMNIO.

**8.** **SIGA UNA RUTINA RELAJANTE ANTES DE IR A LA CAMA.**
YA SEA TOMAR UN BAÑO CALIENTE, LEER, REFLEXIONAR, ESCRIBIR EN UN DIARIO U ORAR, TENER UNA RUTINA DE ACTIVIDADES RELAJANTES PUEDE PREPARAR SU CUERPO PARA DORMIR MEJOR.

## EL SÁBADO

Otra cosa que practican los adventistas del séptimo día longevos es guardar el sábado bíblico. Desde la puesta del sol del viernes hasta la puesta del sol del sábado, toman ese período de 24 horas para descansar. Esto no significa que duermen todo el día, pero toman tiempo para revitalizar y rejuvenecerse del trabajo de la sem ana. Muchos adventistas del séptimo día disfrutan del tiempo con amigos y familia, van a la iglesia y alaban a Dios ese día. Toman el tiempo de reposar física, mental, emocional y espiritualmente. Vea el capítulo número 7 para obtener más información sobre el Sábado.

«Jesús miraba a los acongojados y de corazón quebrantado, a aquellos cuyas esperanzas habían sido defraudadas, y que procuraban satisfacer los anhelos del alma con goces terrenales, y los invitaba a todos a buscar y encontrar descanso en él.

> "Llevad mi yugo sobre vosotros, y aprended de mí, que soy manso y humilde de corazón; y hallaréis descanso para vuestras almas."
>
> Mateo 11:29.

Con toda ternura decía a los cansados: "Llevad mi yugo sobre vosotros, y aprended de mí, que soy manso y humilde de corazón; y hallaréis descanso para vuestras almas." Mateo 11:29.

Con estas palabras, Cristo se dirigía a todo ser humano. Sabiéndolo o sin saberlo, todos están trabajados y cargados. Todos gimen bajo el peso de cargas que sólo Cristo puede quitar. La carga más pesada que llevamos es la del pecado. Si tuviéramos que llevarla solos nos aplastaría. Pero el que no cometió pecado se ha hecho nuestro substituto. "Jehová cargó en él el pecado de todos nosotros." Isaías 53:6.

El llevó el peso de nuestra culpa. También quitará la carga de nuestros hombros cansados. Nos dará descanso. Llevará por nosotros la carga de nuestros cuidados y penas. Nos invita a echar sobre él todos nuestros afanes; pues nos lleva en su corazón.

El Hermano mayor de nuestra familia humana está junto al trono eterno. Mira a toda alma que vuelve su rostro hacia él como al Salvador. Sabe por experiencia lo que es la flaqueza humana, lo que son nuestras necesidades, y en qué consiste la fuerza de nuestras tentaciones, porque fué "tentado en todo según nuestra semejanza, pero sin pecado." Hebreos 4:15. Está velando sobre ti, tembloroso hijo de Dios. ¿Estás tentado? Te librará. ¿Eres débil? Te fortalecerá. ¿Eres ignorante? Te iluminará. ¿Estás herido? Te curará. Jehová "cuenta el número de las estrellas"; y, no obstante, es también el que "sana a los quebrantados de corazón, y liga sus heridas." Salmos 147:4, 3.

Cualesquiera que sean tus angustias y pruebas, expónlas al Señor. Tu espíritu encontrará sostén para sufrirlo todo. Se te despejará el camino para que puedas librarte de todo enredo y aprieto. Cuanto más débil y desamparado te sientas, más fuerte serás con su ayuda. Cuanto más pesadas sean tus cargas, más dulce y benéfico será tu descanso al echarlas sobre Aquel que se ofrece a llevarlas por ti.

Las circunstancias pueden separar a los amigos; las aguas intranquilas del dilatado mar pueden agitarse entre nosotros y ellos. Pero ninguna circunstancia ni distancia alguna puede separarnos del Salvador. Doquiera que estemos, él está siempre a nuestra diestra, para sostenernos y alentarnos. Más grande que el amor de una madre por su hijo es el amor de Cristo por sus rescatados. Es nuestro privilegio descansar en su amor y decir: "En él confiaré; pues dió su vida por mí."

El amor humano puede cambiar; el de Cristo no conoce mudanza. Cuando clamamos a él por ayuda su mano se extiende para salvarnos. ~ *El Ministerio de Curación*, página 47, 48.

"Podrán moverse los montes, podrán temblar las colinas, pero mi misericordia jamás se apartará de ti, ni se romperá mi pacto de paz contigo. Lo digo yo, el Señor, quien tiene de ti misericordia". ~ Isaías 54:10

# EL DOCTOR DICE

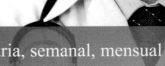

Conseguir descanso diaria, semanal, mensual y anualmente es muy importante.

- **DIARIAMENTE:** DORMIR LAS HORAS APROPIADAS DURANTE LA NOCHE E INCORPORAR SIESTAS SI ES NECESARIO.
- **SEMANALMENTE:** TOMAR UN DÍA DE LA SEMANA, EL SÁBADO, PARA DESCANSAR.
- **MENSUAL/ANUALMENTE:** VACACIONES

Para una salud óptima, evite los trabajos con cambios de turnos y/o por la noche en la medida de lo posible.

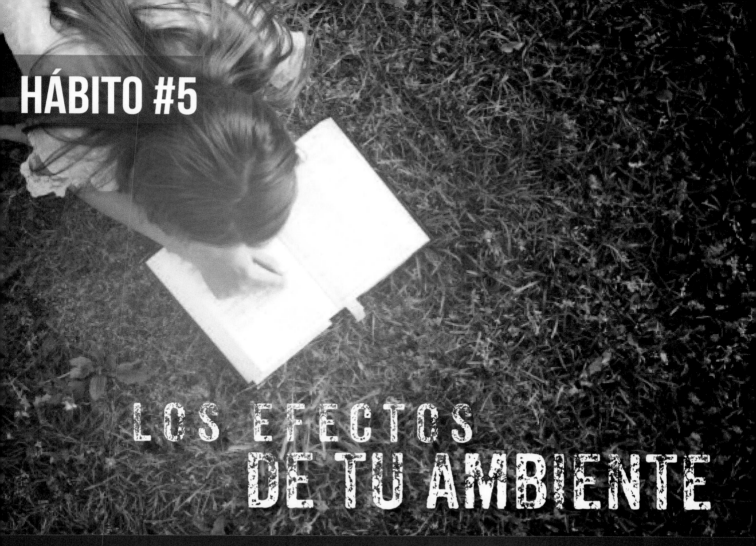

# HÁBITO #5

# LOS EFECTOS DE TU AMBIENTE

En vez de vivir donde sólo pueden verse las obras de los hombres y donde lo que se ve y se oye sugiere a menudo malos pensamientos, donde el alboroto y la confusión producen cansancio e inquietud, id a vivir donde podáis contemplar las obras de Dios. Hallad la paz del espíritu en la belleza, quietud y solaz de la naturaleza. Descanse vuestra vista en los campos verdes, las arboledas y los collados. Mirad hacia arriba, al firmamento azul que el polvo y el humo de las ciudades no obscurecieron, y respirad el aire vigorizador del cielo. ~ *El Ministerio de Curación*, pagina 284.

Como muchos americanos, Raul y Anna pasan la mayor parte de su día dentro de un edificio. Manejan por atascos de tráfico, carreteras llenas de niebla tóxica para llegar a una oficina o cubículo dentro de un edificio de oficinas. No hay mucha más naturaleza en su vecindario que el jardín de enfrente y un poco de lodo en el patio de atrás. Sus fines de semana normalmente consisten en irse a dormir tarde, ver la televisión, comer en restaurantes, hacer algunas compras y ver una película de vez en cuando.

Sin embargo, la vida no siempre fue así. En juventud Henry fue un tipo activo, que le gustaba estar al aire libre. Tenia un núcleo de amistades con las que iba a escalar montañas, a acampar o a jugar baloncesto. Anna no era atlética, pero también le gustaba estar al aire libre con sus hijos pequeños. Ella recuerda con cariño los momentos en el parque con otras jóvenes mamás mientras sus hijos jugaban felizmente en los columpios y la caja de arena. Pero la vida ha hecho mella en ellos. Con las facturas de las tarjetas de crédito y los gastos de criar a los hijos, Anna ha vuelto al trabajo, y su tiempo de ocio al aire libre ha disminuido. Su bonita casa siempre estaba limpia y fresca y era acogedora, pero ahora se ha descuidado las tareas del hogar. Aunque les pueda parecer difícil al principio, si ajustaran sus vidas para incorporar más tiempo en la naturaleza y eligiesen bien su entorno, experimentarían beneficios en su salud.

El Creador escogió para nuestros primeros padres el ambiente más adecuado para su salud y felicidad. No los puso en un palacio, ni los rodeó de adornos y lujo artificiales que tantos hoy se afanan por conseguir. Los colocó en íntimo contacto con la naturaleza, y en estrecha comunión con los santos celestiales.

En el huerto que Dios preparó como morada de sus hijos, hermosos arbustos y delicadas flores halagaban la vista a cada paso. Había árboles de toda clase, muchos de ellos cargados de fragante y deliciosa fruta. En sus ramas entonaban las aves sus cantos de alabanza. Bajo su sombra retozaban las criaturas de la tierra unas con otras sin temor.

Adán y Eva, en su inmaculada pureza, se deleitaban en la contemplación de las bellezas y armonías del Edén. Dios les señaló el trabajo que tenían que hacer en el huerto, que era labrarlo y guardarlo. Véase Génesis 2:15. El trabajo cotidiano les proporcionaba salud y contento, y la feliz pareja saludaba con gozo las visitas de su Creador, cuando en la frescura del día paseaba y conversaba con ellos. Cada día Dios les enseñaba nuevas lecciones.

El régimen de vida que Dios señaló a nuestros primeros padres encierra lecciones para nosotros. Aunque el pecado haya echado sus sombras sobre la tierra, Dios quiere que sus hijos encuentren deleite en las obras que hizo. Cuanto más estrictamente se conforme el hombre con el régimen del Creador, tanto más maravillosamente

obrará Dios para restablecer la humanidad doliente. Es preciso colocar a los enfermos en íntimo contacto con la naturaleza. La vida al aire libre en un ambiente natural hará milagros en beneficio de muchos enfermos desvalidos y casi desahuciados.

El ruido, la agitación y la confusión de las ciudades, su vida reprimida y artificial, cansan y agotan a los enfermos. El aire cargado de humo y de polvo, viciado por gases deletéreos y saturado de gérmenes morbosos, es un peligro para la vida. Los enfermos, los más de ellos encerrados entre cuatro paredes, se sienten casi presos en sus aposentos. A sus miradas no se ofrecen más que casas, calles y muchedumbres presurosas, y tal vez ni siquiera una vislumbre del cielo azul, ni un rayo de sol, ni hierba ni flor ni árbol. Así encerrados, cavilan en sus padecimientos y aflicciones, y llegan a ser presa de sus tristes pensamientos.

Para los que son moralmente débiles, las ciudades encierran muchos peligros. En ellas, los pacientes que han de reprimir sus apetitos morbosos se ven continuamente expuestos a la tentación. Necesitan trasladarse a un ambiente nuevo, donde el curso de sus pensamientos cambiará; necesitan ser expuestos a influencias diferentes en absoluto de las que hicieron naufragar su vida. Aléjeselos por algún tiempo de esas influencias que los apartaban de Dios, y póngaselos en una atmósfera más pura.

Las instituciones para el cuidado de los enfermos tendrían mucho mayor éxito si pudieran establecerse fuera de las ciudades. En cuanto sea posible, todos los que quieren recuperar la salud deben ir al campo a gozar de la vida al aire libre. La naturaleza es el médico de Dios. El aire puro, la alegre luz del sol, las flores y los árboles, los huertos y los viñedos, el ejercicio al aire libre, en medio de estas bellezas, favorecen la salud y la vida.

Los médicos y los enfermeros deben animar a sus pacientes a pasar mucho tiempo al aire libre, que es el único remedio que necesitan muchos enfermos. Tiene un poder admirable para curar las enfermedades causadas por la agitación y los excesos de la vida moderna, que debilita y aniquila las fuerzas del cuerpo, la mente y el alma.

¡Qué placer les daría sentarse al aire libre, gozar del sol y respirar la fragancia de árboles y flores! Hay propiedades vivificantes en el bálsamo del pino, en la fragancia del cedro y del abeto, y otros árboles tienen también propiedades que restauran la salud.

Para los enfermos crónicos nada hay tan eficaz para devolver la salud y la felicidad como vivir entre bellezas del campo. Allí los más desvalidos puede sentarse o acostarse al sol o a la sombra de los árboles. Con sólo alzar los ojos ven el hermoso follaje. Una dulce sensación de quietud y de refrigerio se apodera de ellos al oír el susurro de las brisas. El espíritu desfalleciente revive. La fuerza ya menguada se restaura. Inconscientemente el ánimo se apacigua, el pulso febril vuelve a su condición normal. Conforme se van fortaleciendo, los enfermos se arriesgan a dar unos pasos para arrancar algunas de las bellas flores, preciosas mensajeras del amor de Dios para con su afligida familia terrenal.

Hay que idear planes para mantener a los enfermos al aire libre. A los que pueden trabajar, proporcióneseles alguna ocupación fácil y agradable. Muéstreseles cuán placentero y útil es el trabajo hecho de puertas afuera.

Anímeseles a respirar el aire fresco. Enséñeseles a respirar hondamente y ejercitar los músculos abdominales para respirar y al hablar. Esta educación es de valor incalculable.

El ejercicio al aire libre debería recetarse como necesidad vivificante; y para semejante ejercicio no hay nada mejor que el cultivo del suelo. Déseles a los pacientes unos cuadros de flores que cuidar, o algún trabajo que hacer en el vergel o en la huerta. Al ser alentados a dejar sus habitaciones y pasar una parte de su tiempo al aire libre, cultivando flores o haciendo algún trabajo liviano y agradable, dejarán de pensar en sí mismos y en sus dolencias.

Cuanto más tiempo esté el paciente afuera, menos cuidados exigirá. Cuanto más alegre sea la atmósfera en que se encuentre, más esperanzado estará. Por muy elegantemente amueblada que esté la casa, al estar encerrado en ella se volverá irritable y sombrío. Ponedle en medio de las

# ALGUNOS BENEFICIOS RESTAURADORES DE LA NATURALEZA: [3]

- DISMINUCIÓN DE LA PRESIÓN ARTERIAL
- POTENCIACIÓN DEL SISTEMA INMUNE
- REDUCCIÓN DEL ESTRÉS
- RECUPERACIÓN MAS RÁPIDA DESPUÉS DE LAS CIRUGÍAS
- DISMINUCIÓN DE LA ANSIEDAD
- DISMINUCIÓN DE LA NECESIDAD DE TOMAR MEDICAMENTOS PARA EL DOLOR EN LOS PACIENTES HOSPITALIZADOS
- MEJORA DEL ESTADO DE ÁNIMO EN GENERAL [4]

## LA NATURALEZA ES EL MÉDICO DE DIOS. EL AIRE PURO, LA ALEGRE LUZ DEL SOL, LAS FLORES Y LOS ÁRBOLES, LOS HUERTOS Y VIÑEDOS, Y EL EJERCICIO AL AIRE LIBRE EN MEDIO DE ESTE ENTORNO, SE DA SALUD, A VIDA.

bellezas de la naturaleza, donde pueda ver crecer las flores y oír cantar a los pajarillos, y su corazón prorrumpirá en cantos que armonicen con los de las aves. Su cuerpo y su mente obtendrán alivio. La inteligencia se le despertará, la imaginación se le avivará, y su mente quedará preparada para apreciar la belleza de la Palabra de Dios.

Siempre es posible encontrar en la naturaleza algo que distraiga la atención de los enfermos de sí mismos, y la dirija hacia Dios. Rodeados de las obras maravillosas del Creador, los enfermos sentirán elevarse su mente desde las cosas visibles hasta las invisibles. La belleza de la naturaleza los inducirá a pensar en el hogar celestial, donde no habrá nada que altere la hermosura, nada que manche ni destruya, nada que acarree enfermedad o muerte.

Sepan los médicos y enfermeros sacar de la naturaleza lecciones que revelen a Dios. Dirijan la atención de sus pacientes hacia Aquel cuya mano hizo los altos árboles, la hierba y las flores, aliéntenlos a ver en cada yema y capullo una expresión de su amor hacia sus hijos. El que cuida de las aves y de las flores cuidará también de los seres formados a su propia imagen.

## 1. PASE TIEMPO EN LA NATURALEZA.

Al aire libre, entre las obras de Dios y respirando el aire fresco y tónico, será más fácil hablar a los enfermos acerca de la vida nueva en Cristo. Allí se les puede leer la Palabra de Dios. Allí puede la luz de la justicia de Cristo brillar en corazones entenebrecidos por el pecado.

Hombres y mujeres que necesiten curación física y espiritual serán puestos así en relación con personas cuyas palabras y actos los atraigan a Cristo. Serán puestos bajo la influencia del gran Misionero médico que puede sanar el alma y el cuerpo. Oirán contar la historia del amor

manifestado por el Salvador y del perdón concedido gratuitamente a cuantos acuden a él confesando sus pecados.

Bajo tales influencias, muchos pacientes serán llevados al camino de la vida. Los ángeles celestiales cooperan con los agentes humanos para infundir aliento, esperanza, gozo y paz en los corazones de los enfermos y dolientes. En tales condiciones los enfermos reciben doble bendición, y muchos encuentran la salud. El paso débil recobra su elasticidad y la mirada su brillo. El desesperado vuelve a la esperanza. El semblante desanimado reviste expresión de gozo. La voz quejumbrosa se torna alegre y satisfecha.

Al recobrar la salud física, hombres y mujeres son más capaces de ejercer aquella fe en Cristo que asegura la salud del alma. El saber que los pecados están perdonados proporciona paz, gozo y descanso inefables. La esperanza anublada del cristiano se despeja. Las palabras expresan entonces la convicción de que "Dios es nuestro amparo y fortaleza, nuestro pronto auxilio en las tribulaciones." Salmos 46:1. "Aunque ande en valle de sombra de muerte, no temeré mal alguno; porque tú estarás conmigo: tu vara y tu cayado me infundirán aliento." Salmos 23:4. "El da esfuerzo al cansado, y multiplica las fuerzas al que no tiene ningunas." Isaías 40:29. ~ *El Ministerio de Curación*, página. 202-205.

Nuestros entornos nos afectan más de lo que pensamos. Las personas tienden a sentirse más en paz cuando se encuentran en la naturaleza. La niebla tóxica, el tráfico y la vida en la ciudad nos desgastan más de lo que pensamos. Es aconsejable vivir en una zona con aire puro, un clima soleado y en un vecindario seguro. Si eso no es posible, sería beneficioso para nosotros ir a pasar tiempo en la naturaleza tanto y tan frecuentemente como sea posible.

No sólo nos afecta la zona o el vecindario donde vivimos, sino que la manera en la que vivimos en nuestros hogares también afecta a nuestro bienestar. Una casa limpia no sólo es agradable para vivir sino que también es muy importante para una buena salud.

En la enseñanza que Dios dio a Israel, la conservación de la salud fue objeto de particular cuidado. El pueblo que había salido de la esclavitud contagiado por los hábitos de desaseo contrarios a la salud, que aquélla suele engendrar, recibió la más estricta educación en el desierto antes de entrar en Canaán. Se le enseñaron los principios de la higiene y se le sometió a leyes sanitarias.

No sólo en su servicio religioso, sino en todos los asuntos de la vida diaria observaban los israelitas la distinción entre lo puro y lo impuro. Todo aquel que tuviese algo que ver con enfermedades contagiosas e infecciosas

quedaba aislado del campamento y no se le permitía volver sin previa purificación de su persona y su ropa. En caso de enfermedad infecciosa, se había de hacer lo siguiente:

*"Toda cama en que se acostare [el enfermo] ... será inmunda; y toda cosa sobre que se sentare, inmunda será. Y cualquiera que tocare a su cama, lavará sus vestidos; lavaráse también a sí mismo con agua, y será inmundo hasta la tarde. Y el que se sentare sobre aquello en que se hubiere sentado ... lavará sus vestidos, se lavará también a sí mismo con agua, y será inmundo hasta la tarde. Asimismo el que tocare la carne del [enfermo] ... lavará sus vestidos, y a sí mismo se lavará con agua, y será inmundo hasta la tarde. ... Y cualquiera que tocare cualquiera cosa que haya estado debajo de él, será inmundo hasta la tarde; y el que la llevare lavará sus vestidos, y después de lavarse con agua, seráinmundo hasta la tarde. Y todo aquel a quien tocare ... y no lavare con agua sus manos, lavará sus vestidos, y a sí mismo se lavará con agua, y será inmundo hasta la tarde. Y la vasija de barro en que tocare ... será quebrada; y toda vasija de madera será lavada con agua." Levítico 15:4-12.*

La ley respecto a la lepra es otra demostración del esmero con que debían cumplirse estas leyes:

*"Todo el tiempo que la llaga estuviere en él [el leproso], será inmundo; estará impuro: habitará solo; fuera del real será su morada. Y cuando en el vestido hubiere plaga de lepra, en vestido de lana, o en vestido de lino, o en estambre o en trama, de lino o de lana, o en piel, o en cualquiera obra de piel, ... el sacerdote mirará la plaga. ... Y si hubiere cundido la plaga en el vestido, o estambre, o en la trama, o en piel, o en cualquiera obra que se hace de pieles, lepra roedora es la plaga; inmunda será. Será quemado el vestido, o estambre o trama, de lana o de lino, o cualquiera obra de pieles en que hubiere tal plaga; porque lepra roedora es: al fuego será quemada." Levítico 13:46-52.*

Así también, si una casa amenazaba ruina, había que demolerla. El sacerdote "derribará, por tanto, la tal casa, sus piedras, y sus maderos, y toda la mezcla de la casa, y lo sacará fuera de la ciudad a lugar inmundo. Y cualquiera que entrare en aquella casa todos los días que la mandó cerrar, será inmundo hasta la tarde. Y el que durmiere en aquella casa, lavará sus vestidos; también el que comiere en la casa, lavará sus vestidos." Levítico 14:45-47.

En forma impresionante se recalcó cuán necesario era el aseo personal. Antes de reunirse al pie del Sinaí para escuchar la proclamación de la ley por la voz de Dios, el pueblo hubo de lavar sus personas y ropas. La violación de esta orden debía castigarse con la pena de muerte. Ninguna impureza podía tolerarse en presencia de Dios.

Durante su estada en el desierto, los israelitas vivieron casi siempre al aire libre, donde las impurezas tenían efecto menos dañino que entre los que viven en casas cerradas. Pero la más estricta atención a la limpieza se exigía dentro y fuera de las tiendas. No se toleraba ningún desecho dentro o fuera del campamento. El Señor había dicho:

"Jehová tu Dios anda por medio de tu campo, para librarte y entregar tus enemigos delante de ti; por tanto será tu real santo." Deuteronomio 23:14.~ *El Ministerio de Curación*, página 211-212.

La limpieza escrupulosa es esencial para la salud del cuerpo y de la mente… Cualquier forma de desaseo fomenta la enfermedad. Los gérmenes mortíferos abundan en los rincones obscuros y descuidados, en los desechos pútridos, en la humedad y el moho. No se toleren cerca de la casa los desperdicios de verduras ni los montones de hojas caídas que se pudren y vician el aire. No debe haber tampoco dentro de la casa cosas sucias o descompuestas. ~ *El Ministerio de Curación*, página 209.

## 2. VIVA EN UN AMBIENTE LIMPIO.

LA LIMPIEZA PERFECTA, LA ABUNDANCIA DE SOL, LA CUIDADOSA ATENCIÓN A LAS CONDICIONES SANITARIAS DE TODO DETALLE DE LA VIDA DOMÉSTICA, SON ESENCIALES PARA LIBRARSE DE LAS ENFERMEDADES Y PARA ALEGRAR Y VIGORIZAR A LOS QUE VIVAN EN LA CASA. ~ *EL MINISTERIO DE CURACIÓN*, PÁGINA 210.

# SEIS DE LOS LUGARES MÁS SORPRENDENTEMENTE SUCIOS DE SU CASA SON:

**1.** "Las partículas de comida que se encuentran en los platos que se dejan en remojo o que se enjuagan antes de ponerlos en el lavavajillas o lavaplatos pueden convertirse en una zona de reproducción para las bacterias que causan enfermedades, incluyendo E.coli y salmonela. Pueden estar en sus manos o extenderse a los alimentos." [5]

**2.** Muchos expertos estarían de acuerdo en que la taza del inodoro puede estar más limpia que el fregadero regular.

**3.** La solución: "Para desinfectar su fregadero y prevenir la propagación de bacteria, límpielo con una mezcla de lejía y agua una vez al día y deje que la mezcla baje por el desagüe. ¡Acuérdese de retirar el tapón de drenaje y limpiarlo también! Lave sus manos después." [6]

## EL FREGADERO

## SU CEPILLO DE DIENTES

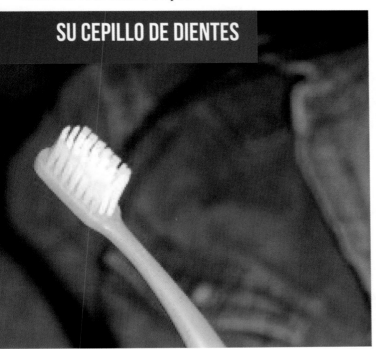

**1.** "El lugar en el que usted se asea o baña no está tan limpio como cabría imaginar. Un estudio reciente encontró bacteria de estafilococo en el 26% de las bañeras examinadas." [9]

**2.** La solución: "Los expertos recomiendan limpiar y desinfectar su bañera con lejía o algún producto de limpieza de baños después de ducharse, luego séquela con una toalla limpia." [10]

**1.** "Lo pone en la boca dos veces al día, pero alguna vez se ha parado a pensar en todos los gérmenes que se esconden en el? Lo enjuaga después de usarlo y luego lo guarda húmedo. Si los gérmenes de su propia boca no fuesen suficientes para contaminar su cepillo de dientes, los gérmenes del inodoro sí lo son. Charles P. Gerba, Doctor de la Universidad de Arizona del Departamento de Tierra, Agua y Ciencia Medioambiental, realizó una serie de investigaciones en los años 70 y descubrió que cuando se tira de la cadena del inodoro se lanza una pulverización de bacteria —y gotitas de agua contaminada de virus al aire—. Descubrió que estos gérmenes pueden flotar alrededor del baño durante al menos dos horas después de tirar la cadena antes de aterrizar en superficies —incluyendo su cepillo de dientes." [7]

**2.** La solución: Coloque su cepillo de dientes donde se puede airear y secar después de cada uso, —"pero no demasiado cerca del inodoro. También, reemplace su cepillo de dientes a menudo, sobre todo después de haber estado enfermo, y baje la tapa del inodoro antes de tirar de la cadena." [8]

## LA BAÑERA

**1.** En un estudio de 2008 realizado por investigadores de la Universidad de Virginia "preguntaron a 30 adultos que empezaban a mostrar síntomas de un resfriado, que nombrasen 10 lugares que habían tocado en sus casas en las últimas 18 horas. Los investigadores entonces examinaron esos lugares en búsqueda del virus del resfriado. Los resultados mostraron que el virus se encontraba en el 41% de las superficies examinadas, y uno de los saleros y pimenteros que fueron examinados dio un resultado positivo para el virus del resfriado." [11] ¡Ay!

**2.** La solución: "Cuando limpie la mesa después de comer, limpie también el salero y el pimentero." [12]

## SU SALERO Y PIMENTERO

**1.** "Un estudio de la Universidad de Virginia sobre los virus del resfriado en las superficies de la casa, mostró que la superficie del mando a distancia es una de las que más gérmenes contiene! Los investigadores descubrieron que la mitad de los mandos examinados dieron un resultado positivo para el virus del resfriado." [13]

**2.** La solución: Limpie su mando a distancia con toallitas de lejía o antibacteriales. "Además de eso, lavarse las manos regularmente es la mejor manera de protegerse contra estos gérmenes." [14]

## SU TECLADO

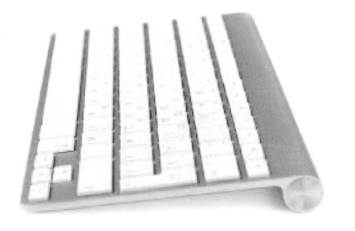

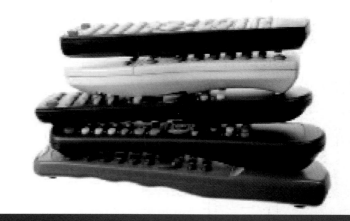

## CONTROL REMOTO

**1.** "Si come junto a su computadora, estornuda sobre su teclado o se sienta a navegar en internet sin antes lavarse las manos, su computadora será un peligro para la salud. En un estudio reciente realizado por un grupo de consumidores británicos, los investigadores frotaron teclados para buscar gérmenes y encontraron una multitud de bacterias potencialmente dañinas, incluyendo E.coli y estafilococo. 4 de cada 33 de los teclados que tomaron como muestra tenían suficientes gérmenes para ser considerados perjudiciales para la salud. Uno tenía niveles de gérmenes cinco veces más altos que los que se encontraron en el asiento o taza del inodoro." [15]

**2.** La solución: "Lave sus manos antes y después de usar su computadora. Si tiene que comer junto a su computadora, no deje caer migas sobre su teclado. Para limpiar su teclado, sacuda cuidadosamente las migas o pase la aspiradora. Limpiar las teclas con toallitas de alcohol o lejía puede ayudar, pero no utilice nada demasiado húmedo. Y no se olvide de limpiar el ratón." [16]

# EL DOCTOR DICE

LAS PERSONAS QUE VIVEN EN UNA COMUNIDAD SALUDABLE SUELEN ESTAR MÁS SANAS. ESTAMOS INFLUENCIADOS POR NUESTROS AMISTADES, LUGAR DE TRABAJO, FAMILIA, IGLESIA, ESCUELA, ETC. ES MAS FÁCIL ESTAR SANO ALREDEDOR DE PERSONAS QUE ESTÁN SANAS. ELIJA PASAR TIEMPO CON PERSONAS QUE SEAN UNA INFLUENCIA POSITIVA Y TAMBIÉN CERCA DE LA NATURALEZA.

- PASE TIEMPO EN LA NATURALEZA
- VIVA EN UN ENTORNO LIMPIO
- APÚNTESE A UN GRUPO DE EJERCICIO
- APÚNTESE A ALGÚN CLUB DEPORTIVO/DE SALUD
- ASÓCIESE CON OTROS QUE COMPARTAN EL MISMO OBJETIVO DE ALCANZAR UNA BUENA SALUD.

35

# HÁBITO #6

# AIRE FRESCO Y LUZ DEL SOL

PARA ASEGURAR AL PACIENTE LAS CONDICIONES MÁS FAVORABLES PARA SU RESTABLECIMIENTO, EL CUARTO QUE OCUPE DEBE SER ESPACIOSO, CLARO Y ALEGRE, CON FACILIDADES PARA VENTILARSE CABALMENTE... HAY QUE ARREGLÁRSELAS DE MODO QUE DÍA Y NOCHE FLUYA EL AIRE PURO POR LA HABITACIÓN. ~ *EL MINISTERIO DE CURACIÓN*, PÁGINA 168.

Antes mencionamos la importancia de pasar tiempo en la naturaleza y de vivir en un entorno limpio. Una razón por la que pasar tiempo al aire libre puede beneficiar nuestra salud es el aire fresco y el sol que recibimos. Tal y como ocurría con Raul y Anna, es un lujo para muchos adventistas recibir una dosis diaria de aire fresco y sol. Continúe leyendo para aprender por qué esto puede resultar ser más bien una necesidad que un lujo para gozar de una buena salud.

Para tener buena sangre, debemos respirar bien. Las inspiraciones hondas y completas de aire puro, que llenan los pulmones de oxígeno, purifican la sangre, le dan brillante coloración, y la impulsan, como corriente de vida, por todas partes del cuerpo. La buena respiración calma los nervios, estimula el apetito, hace más perfecta la digestión, y produce sueño sano y reparador.

Hay que conceder a los pulmones la mayor libertad posible. Su capacidad se desarrolla mediante el libre funcionamiento; pero disminuye si se los tiene apretados y comprimidos. De ahí los malos efectos de la costumbre tan común, principalmente en las ocupaciones sedentarias, de encorvarse al trabajar. En esta posición es imposible respirar hondamente. La respiración superficial se vuelve pronto un hábito, y los pulmones pierden la facultad de dilatarse.

Así se recibe una cantidad insuficiente de oxígeno. La sangre se mueve perezosamente. Los productos tóxicos del desgaste, que deberían ser eliminados por la espiración, quedan dentro del cuerpo y corrompen la sangre. No sólo los pulmones, sino el estómago, el hígado y el cerebro, quedan afectados. La piel se pone cetrina, la digestión se retarda, se deprime el corazón, se anubla el cerebro, los pensamientos se vuelven confusos, se entenebrece el espíritu, el organismo entero queda deprimido e inactivo y particularmente expuesto a la enfermedad. ~ *El Ministerio de Curación*, página 207.

Nuestros cuerpos necesitan oxígeno del aire a nuestro alrededor para funcionar. Los pulmones absorben oxígeno del aire que respiramos, entonces el oxígeno pasa a los glóbulos rojos, y la sangre lo lleva a diversos órganos, como el cerebro, el hígado y el corazón. La sangre también transporta los desechos y el dióxido de carbono de estos órganos. Sin oxígeno las células en nuestros cuerpos no funcionan bien y finalmente se mueren.[1,2]

Es por esto que estamos programados para respirar de forma automática. Respiramos sin tener que decírnoslo conscientemente a nosotros mismos. Pero, de vez en cuando, tenemos que recordarnos a nosotros mismos que debemos enderezarnos o corregir la postura y respirar profundamente. Aunque una persona saludable puede dar por hecho la respiración natural e inconsciente, puede ser muy refrescante y rejuvenecedor hacer una respiración profunda de aire limpio y fresco. He aquí algunos consejos: [3]

1. Encuentre un lugar relativamente tranquilo con aire limpio y fresco, preferiblemente al aire libre entre la naturaleza.
2. Ponga una mano sobre el abdomen, justo debajo de sus costillas. Ponga la otra mano sobre pecho. Respire con normalidad.
3. Ahora haga una respiración lenta y profunda. Respire lentamente por la nariz. Preste atención a cómo su abdomen se expande debajo de su mano.
4. Aguante su aliento, reténgalo durante un segundo o dos.
5. Suelte el aire lentamente por la boca. Preste atención a cómo la mano sobre su abdomen baja con la exhalación.
6. Repita varias veces.

Los pulmones eliminan continuamente impurezas, y necesitan una provisión constante de aire puro. El aire impuro no proporciona la cantidad necesaria de oxígeno, y entonces la sangre pasa por el cerebro y demás órganos sin haber sido vivificada. De ahí que resulte indispensable una ventilación completa. Vivir en aposentos cerrados y mal ventilados, donde el aire está viciado, debilita el organismo entero, que se vuelve muy sensible al frío y enferma a la menor exposición al aire. La reclusión en las habitaciones es lo que torna pálidas y débiles a

muchas mujeres. Respiran y vuelven a respirar el mismo aire viciado, hasta recargarlo de materias tóxicas expelidas por los pulmones y los poros, y las impurezas regresan así a la sangre.

## ALGUNAS POSIBILIDADES
### BENEFICIOS DE LA RESPIRACIÓN PROFUNDA [4]
- ALIVIA EL ESTRÉS
- RELAJA LOS MÚSCULOS TENSOS
- REDUCE LA PRESIÓN ARTERIAL

En la construcción de edificios de utilidad pública o en los destinados a viviendas, urge asegurar buena ventilación y mucho sol. Las iglesias y las escuelas adolecen muchas veces de deficiencia en este respecto. A la falta de ventilación se debe una gran parte de la somnolencia y pesadez que contrarrestan el efecto de muchos sermones y hacen enojosa e ineficaz la tarea del maestro. ~ *El Ministerio de Curación*, página 208.

¿Alguna vez se ha sentado en un sermón, un seminario o una clase y ha empezado a sentirse cansado? A veces el presentador puede ser aburrido o es posible que no haya dormido lo suficiente últimamente. Pero otras veces ha descansado, el orador es muy interesante, y aun así empieza a sentirse soñoliento. ¿Alguna vez se ha preguntado por qué ocurre esto? Hay una explicación posible. A menudo, cuando estamos escuchando a alguien hablar, hay muchas otras personas en la clase escuchando. Estamos sentados o de pie cerca de otras personas, y el aire alrededor de nosotros ya no se siente tan fresco.

Como mencionamos anteriormente, necesitamos oxígeno para sobrevivir. Cuando inhalamos, estamos respirando para poder conseguir ese oxígeno para nuestros múltiples órganos. Cuando exhalamos, estamos soltando el dióxido de carbono que los órganos están tratando de expulsar. Cuando estamos en una sala llena de gente y sin ventilación, empezamos a respirar el aire expulsado de cada uno. El aire empieza a llenarse cada vez más de dióxido de carbono y cada vez hay menos oxígeno. El cerebro necesita mucho oxígeno.[5] Aunque solo equivale un 2% de todo el peso corporal, recibe de un 15 a un 20% del suministro de la sangre del cuerpo para satisfacer su necesidad de oxígeno. Sin un suministro fresco de sangre con oxígeno, las células del cerebro empezarían a morirse.[6]

Un estudio publicado en la revista Environmental Health Perspectives sugiere que respirar el dióxido de carbono exhalado por quienes se encuentran a nuestro alrededor podría afectar nuestra velocidad de pensamiento.[7] Este estudio indicó que la capacidad de las personas para tomar decisiones disminuyó en varias actividades que realizaron. Por esta razón la ventilación apropiada podría mejorar su aprendizaje. No solo podría ayudar en los entornos de clases y reuniones, sino también al dormir. Aunque dormimos solos, cuando un cuarto es pequeño y las ventanas y las puertas están completamente cerradas, puede que empecemos a respirar más de nuestro dióxido de carbono exhalado que del oxígeno fresco que tanto necesitamos.

1. Abra las ventanas o asegúrese de que hay buena ventilación cuando esté sentado en un aula o un cuarto de reunión apretado.

2. Deje la ventana un poco abierta o asegure que la habitación en la que duerme está bien ventilada.

En la construcción de casas es de gran importancia asegurar completa ventilación y mucho sol. Haya circulación de aire y mucha luz en cada pieza de la casa. Los dormitorios deben estar dispuestos de tal modo que el aire circule por ellos día y noche. Ningún cuarto es adecuado para servir como dormitorio a menos que pueda abrirse de par en par cada día para dar acceso al aire y a la luz del sol. En muchos países los dormitorios necesitan calefacción, de modo que puedan quedar calientes y secos en tiempo frío y húmedo.

Al construir la casa, muchos cuidan de disponer sitio para plantas y flores. El invernáculo o el lugar que se les dedica está abrigado y asoleado, pues sin calor, aire y sol, las plantas no pueden vivir. Si estas condiciones son necesarias para la vida de las plantas, ¡cuánto más lo serán para nuestra salud y para la de nuestras familias y huéspedes!

Si queremos que nuestras casas sean moradas de salud y de dicha, tenemos que situarlas en lugar alto, fuera del alcance de los miasmas y las neblinas de las tierras bajas, y permitir que entren libremente en ellas los agentes vivificantes del cielo. No haya pesadas cortinas, ni enredaderas que, por muy hermosas que sean, hagan sombra a las ventanas; ábranse éstas y sus persianas, y no se deje que crezcan árboles tan cerca de la casa que quiten la luz del sol. El sol podrá ajar cortinas y alfombras y deslucir los marcos de los cuadros; pero en cambio hermoseará con los colores de la salud las mejillas de los niños.

Quienes hayan de cuidar ancianos deben recordar que éstos, más que nadie, necesitan cuartos abrigados y cómodos. Con los años, el vigor declina y mengua la fuerza vital con que resistir a las influencias malsanas. De ahí que sea tan necesario proporcionar a las personas de edad mucha luz y mucho aire puro. ~ *El Ministerio de Curación*, página 208-209.

# LOS BENEFICIOS DE UNA EXPOSICIÓN MODERADA AL SOL SON:

## POTENCIA LA PRODUCCIÓN DE VITAMINA D

La vitamina D es necesaria para muchas cosas, como la formación de huesos saludables, una función inmune apropiada, el crecimiento celular, la función nerviosa y muscular y la reducción de la inflamación. Investigaciones también sugieren que una cantidad adecuada de vitamina D podría desempeñar un papel en la prevención y el tratamiento de varias enfermedades como la diabetes tipo 1 y 2, la hipertensión, la intolerancia a la glucosa e incluso la esclerosis múltiple.[8]

## MEJOR ESTADO DE ÁNIMO

¿Alguna vez ha pensando por qué nos referimos a menudo al buen estado de humor o al carácter de una persona, como un "un sol" (¡Eres un sol!)? ¿O por qué asociamos la falta de sol con la tristeza o el sentirse apesadumbrado? Puede que haya muchas razones por esto. Hay un tipo de depresión llamado Trastorno Afectivo Estacional que afecta a algunas personas durante los meses de invierno cuando no reciben suficiente luz del sol.[9] Como era de esperar, los expertos ahora creen que la luz del sol tiene amplios efectos sobre nuestro estado de ánimo. Es decir, ¿a quién no le gusta relajarse en un día cálido y soleado?

## PREVENCIÓN DEL CÁNCER

A pesar de que exponerse mucho al sol puede producir cáncer de piel, algunos estudios muestran que otros cánceres y enfermedades infecciosas podrían ser el resultado de una escasez de sol.[10] El riesgo de morir de cáncer de mama, de ovarios, de colón, de páncreas, de próstata y otros tipos de cáncer fue mayor en las personas que habían tomado poco sol.[11]

## CONDICIONES AUTOINMUNES

Según un informe publicado en la revista Environmental Health Perspectives (Perspectivas de la Salud Ambiental), el exponerse a la radiación UV parece suprimir un sistema inmune hiperactivo. "Esto podría explicar por qué estar expuesto a los rayos UV puede ayudar a combatir enfermedades autoinmunes como la psoriasis y el lupus; un estudio reciente también indica que podría ayudar a aliviar el asma." [12]

## SE DUERME MEJOR

La luz natural del sol puede equilibrar la producción de melatonina, una hormona que se produce por la noche y que le da sueño. "Esto puede ayudar a mantener un ritmo circadiano normal, haciendo que se sienta más cansado a la hora de dormir cuando está oscuro fuera. El salir fuera durante quince minutos a la misma hora todos los días, preferiblemente por la mañana, le da una clara señal al cuerpo de que ya no es de noche." [13] Conseguir cantidades apropiadas de luz natural puede ayudar especialmente a los mayores, ya que se sabe que la producción de melatonina disminuye con la edad.[14]

3. ¡SALGA FUERA, TOME UN POCO DE AIRE FRESCO Y SOL! PERO NO DEMASIADO. SEGÚN EL TONO DE SU PIEL, DIEZ A VEINTE MINUTOS AL DÍA PARECE SER LA CANTIDAD PROMEDIO RECOMENDADA.

## DOLOR EN LAS ARTICULACIONES

Un estudio de Harvard indica que la exposición a los rayos UV del sol está asociado con una disminución del riesgo de desarrollar artritis reumatoide, una dolorosa enfermedad autoinmune en la que el revestimiento de las articulaciones se hincha debido a que el cuerpo ataca por error a sus propios tejidos. Las mujeres con la mayor exposición UVB tuvieron una disminución de riesgo del veintiún por ciento de desarrollar esta enfermedad en comparación con las que habían tenido una menor exposición.[15, 16]

## FUNCIÓN DEL CEREBRO

Según un estudio publicado en el Journal of the American Medical Association, "Pacientes ancianos con Alzheimer expuestos a la luz del sol durante el día —de las 9 de la mañana a las 6 de la tarde— obtenían mejores calificaciones en un examen mental, tuvieron menos síntomas de depresión y perdieron menos función que los que estaban expuestos a la luz natural sombría."[17] Los investigadores atribuyeron la mejora a un ritmo circadiano más regular debido a la exposición a la luz del sol.[18]

# EL DOCTOR DICE

EL AIRE FRESCO Y CANTIDADES ADECUADAS DE LUZ SOLAR SON MUY IMPORTANTES PARA SU SALUD. PARA LA SÍNTESIS DE VITAMINA D Y UNA PRODUCCIÓN CORRECTA DE MELATONINA, LA LUZ DEL SOL ES PARTICULARMENTE IMPORTANTE. AQUÍ HAY ALGUNAS MANERAS DIVERTIDAS Y FÁCILES DE CONSEGUIR UN POCO DE AIRE FRESCO Y LUZ DEL SOL:

- HAGA UN PICNIC.
- COMA AL AIRE LIBRE.
- SI ESTÁ CERCA, CAMINE AL LUGAR DONDE COMPRA EL ALMUERZO.
- PASE TIEMPO CON SU FAMILIA EN EL PATIO O EL JARDÍN EN VEZ DE DELANTE DE LA TELEVISIÓN.
- CAMINE UN POCO DESPUÉS DE COMER.

# UN BALANCE SALUDABLE

ALGUNOS (SE) ENFERMAN POR EXCESO DE TRABAJO. PARA LOS TALES, EL DESCANSO, LA TRANQUILIDAD, Y UNA DIETA SOBRIA SON ESENCIALES PARA LA RESTAURACIÓN DE LA SALUD. LOS DE CEREBRO CANSADO Y DE NERVIOS DEPRIMIDOS A CONSECUENCIA DE UN TRABAJO SEDENTARIO CONTINUO, SE VERÁN MUY BENEFICIADOS POR UNA TEMPORADA EN EL CAMPO, DONDE LLEVEN UNA VIDA SENCILLA Y LIBRE DE CUIDADOS, CERCA DE LA NATURALEZA. EL VAGAR POR LOS CAMPOS Y BOSQUES JUNTANDO FLORES Y OYENDO LOS CANTOS DE LAS AVES, RESULTARÁ MÁS EFICAZ PARA SU RESTABLECIMIENTO QUE CUALQUIER OTRA COSA. ~ *EL MINISTERIO DE CURACIÓN*, PÁGINA 180.

**M**uchos americanos viven vidas desequilibradas. Por ejemplo, Raul viaja unos cuarenta y cinco minutos con tráfico para llegar a su oficina. Se sienta delante de una computadora la mayor parte del día con un teléfono al oído, levantándose de vez en cuando para beber un poco de café o para ir a una reunión. Ana también viaja con tráfico unos treinta y cinco minutos para llegar a su trabajo de recepcionista en el hospital. Ella también permanece dentro y está sentada la mayor parte del día.

Ninguno de los dos se expone a luz del sol o respira aire fresco durante los días de la semana, con la excepción del momento en el que caminan desde la puerta de sus oficinas a sus carros aparcados. Ya que están intentando pagar sus deudas de la tarjeta de crédito, han trabajado cada dos fines de semana y algunos días festivos.

Raul y Anna tienen un hijo de 16 años en casa, pero apenas pasan tiempo con él. Antes se iban de viaje y acampaban o hacían otras actividades familiares como parte de las vacaciones, pero cuando sus otros dos hijos se mudaron, estas divertidas vacaciones familiares desaparecieron y hasta su tiempo de ocio familiar disminuyó. Ahora su ocio familiar es ver programas de televisión después de cenar, tumbarse en su gran sofá mullido, con un paquete de brownies, normalmente sin su hijo pequeño.

Trabajar duro, ganarse la vida honestamente y proveer para la familia son todas cosas muy buenas. Pero hacer ejercicio, pasar tiempo con los hijos, y conseguir un buen descanso y rejuvenecimiento en la naturaleza y con Dios también son cosas muy buenas. Alcanzar un equilibrio de estas muchas cosas, todas muy buenas, es lo que nos lleva a una vida saludable.

La enfermedad no sobreviene nunca sin causa. Descuidando las leyes de la salud se le prepara el camino y se la invita a venir. *Muchos sufren las consecuencias de las transgresiones de sus padres. Si bien no son responsables de lo que hicieron éstos, es, sin embargo, su deber averiguar lo que son o no son las violaciones de las leyes de la salud. Deberían evitar los hábitos malos de sus padres, y por medio de una vida correcta ponerse en mejores condiciones.

Los más, sin embargo, sufren las consecuencias de su mal comportamiento. En su modo de comer, beber, vestir y trabajar, no hacen caso de los principios que rigen la salud. Su transgresión de las leyes de la naturaleza produce resultados infalibles, y cuando la enfermedad les sobreviene, muchos no la achacan a la verdadera causa, sino que murmuran contra Dios. Pero Dios no es responsable de los padecimientos consiguientes al desprecio de la ley natural.

Dios nos ha dotado de cierto caudal de fuerza vital. Nos ha formado también con órganos adecuados para el cumplimiento de las diferentes funciones de la vida, y tiene dispuesto que estos órganos funcionen armónicamente. Si conservamos con cuidado la fuerza vital, y mantenemos en buen orden el delicado mecanismo del cuerpo, el resultado será la salud; pero si la fuerza vital se agota demasiado pronto, el sistema nervioso extrae de sus reservas la fuerza que necesita, y cuando un órgano sufre perjuicio, todos los demás quedan afectados. La naturaleza soporta gran número de abusos sin protesta aparente; pero después reacciona y procura eliminar los efectos del mal trato que ha sufrido. El esfuerzo que hace para corregir estas condiciones produce a menudo fiebre y varias otras formas de enfermedad.

Cuando el abuso de la salud se lleva a tal extremo que remata en enfermedad, el paciente puede muchas veces hacer por sí mismo lo que nadie puede hacer por él. Lo primero es determinar el verdadero carácter de la enfermedad, y después proceder con inteligencia a suprimir la causa. Si el armónico funcionamiento del organismo se ha perturbado por exceso de trabajo, de alimento, o por otras irregularidades, no hay que pensar en remediar el desarreglo con la añadidura de una carga de drogas venenosas.

La intemperancia en el comer es a menudo causa de enfermedad, y lo que más necesita la naturaleza es ser aliviada de la carga inoportuna que se le impuso. En muchos casos de enfermedad, el mejor remedio para el paciente es un corto ayuno, que omita una o dos comidas, para que descansen los órganos rendidos por el trabajo de la digestión. Muchas veces el seguir durante algunos días una dieta de frutas ha proporcionado gran alivio a personas que trabajaban intelectualmente; y un corto período de completa abstinencia, seguido de un régimen alimenticio sencillo y moderado, ha restablecido al enfermo por el solo esfuerzo de la naturaleza. Un régimen de abstinencia por uno o dos meses convencerá a muchos pacientes de que la sobriedad favorece la salud.

Algunos enferman por exceso de trabajo. Para los tales, el descanso, la tranquilidad, y una dieta sobria son esenciales para la restauración de la salud. Los de cerebro cansado y de nervios deprimidos a consecuencia de un trabajo sedentario continuo, se verán muy beneficiados por una temporada en el campo, donde lleven una vida sencilla y libre de cuidados, cerca de la naturaleza. El vagar por los campos y bosques juntando flores y oyendo los cantos de las aves, resultará más eficaz para su restablecimiento que cualquier otra cosa.~ *El Ministerio de Curación*, página. 179-180.

> LO PRIMERO QUE HAY QUE HACER ES DETERMINAR EL VERDADERO CARÁCTER DE LA ENFERMEDAD Y LUEGO IR A TRABAJAR DE FORMA INTELIGENTE PARA ELIMINAR LA CAUSA.

* Puede que no entendamos la causa exacta de algunas enfermedades, pero todas las enfermedades tienen una causa. Puede que la causa ni siquiera sea su culpa, ni la de sus padres, ni de nadie. La persona enferma puede haber vivido una vida muy saludable y con principios y aún así enfermarse. A menudo hay enfermedades que se desarrollan de las que no conocemos la causa. De hecho, la mayor parte de las personas experimentará alguna enfermedad grave en sus vidas o en la vida de sus seres queridos.

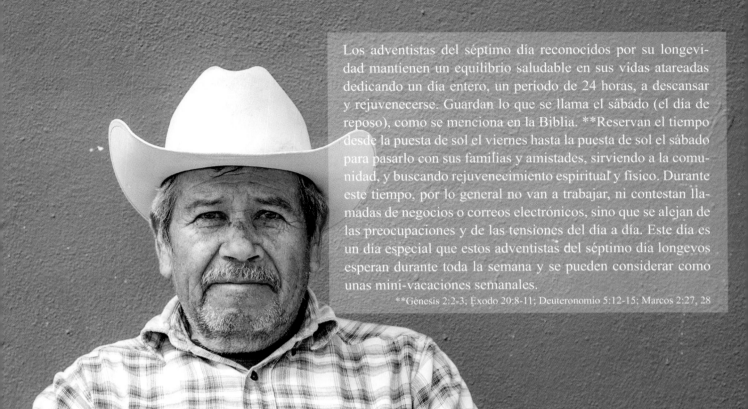

Los adventistas del séptimo día reconocidos por su longevidad mantienen un equilibrio saludable en sus vidas atareadas dedicando un día entero, un período de 24 horas, a descansar y rejuvenecerse. Guardan lo que se llama el sábado (el día de reposo), como se menciona en la Biblia. **Reservan el tiempo desde la puesta de sol el viernes hasta la puesta de sol el sábado para pasarlo con sus familias y amistades, sirviendo a la comunidad, y buscando rejuvenecimiento espiritual y físico. Durante este tiempo, por lo general no van a trabajar, ni contestan llamadas de negocios o correos electrónicos, sino que se alejan de las preocupaciones y de las tensiones del día a día. Este día es un día especial que estos adventistas del séptimo día longevos esperan durante toda la semana y se pueden considerar como unas mini-vacaciones semanales.

**Génesis 2:2-3; Éxodo 20:8-11; Deuteronomio 5:12-15; Marcos 2:27, 28

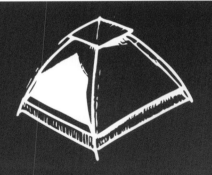

 TÓMESE UNAS VACACIONES SEMANALES DE UN DÍA. RESERVE UN DÍA ENTERO CADA SEMANA PARA HACER UNA PAUSA Y DESCANSAR DE LAS TENSIONES DIARIAS DE LA VIDA, EL TRABAJO Y/O LA ESCUELA.

## ALGUNAS IDEAS DIVERTIDAS PARA REFRESCAR Y REJUVENECERSE EN ESTE DÍA:

- DESCANSE
- PASE TIEMPO EN LA NATURALEZA
- HAGA UNA CAMINATA
- HAGA UN PICNIC
- CANTE Y ORE

- ALABE Y DISFRUTE DE LA COMPAÑÍA DE OTRAS PERSONAS
- HAGA UN ESTUDIO BÍBLICO
- PARTICIPE DE ALGÚN MINISTERIO VOLUNTARIO
- HAGA ALGÚN SERVICIO A LA COMUNIDAD

**UNA DE LAS PRINCIPALES COSAS QUE LE CUESTA MANEJAR A MUCHOS ESTADOUNIDENSES ES EL EQUILIBRIO ENTRE SU VIDA LABORAL Y PERSONAL. EXISTEN NUMEROSOS ARTÍCULOS Y OTRAS PUBLICACIONES SOBRE ESTE TEMA. AQUÍ TIENE ALGUNAS IDEAS Y CONSEJOS QUE SE MENCIONAN EN VARIOS ARTÍCULOS.[1,2]**

**1. RESERVE UN TIEMPO DE INACTIVIDAD EN SU DÍA.**

Muchos trabajan más tiempo del que desean y pasan menos tiempo en lo que realmente les gustaría hacer. Nosotros no nos lo pensamos dos veces antes de programar reuniones de negocios en nuestras agendas ocupadas o comer con un cliente potencial. ¿Por qué no programar cenas familiares o tiempo de juego con sus hijos en su rutina?

**2. ELIMINE LAS COSAS QUE NO APORTEN VALOR A SU VIDA.**

¿Cuántas veces perdemos nuestro valioso tiempo en cosas que realmente no son importantes ni nos benefician en nuestras vidas? Televisión, internet, videojuegos, ¿es realmente la forma en la que queremos pasar nuestros fines de semana soleados? ¿Por qué no pasar tiempo con su familia y con sus seres queridos como una alternativa? Jugar fuera con sus hijos, ir a un picnic, crear recuerdos con las personas que más le importan; estas cosas se pueden hacer si eliminamos las cosas que consumen nuestro valioso tiempo y energía.

**3. ELIJA CON CUIDADO CON QUIÉN PASA SU TIEMPO Y EN QUIÉN INVIERTE SU ENERGÍA.**

No sólo desperdiciamos el tiempo en cosas y entretenimiento que no nos edifican, sino que a veces hay personas en nuestras vidas que pueden influir negativamente en nosotros —las personas que nos rodean que sólo quieren hablar de los últimos chismes, criticar, o hablar sin parar de sus problemas durante horas sin tener la intención de solucionarlos—. Limite su tiempo con este tipo de personas. Evítelos si puede. Elija pasar tiempo con la gente que saque lo mejor de usted.

**4. RECONSIDERE SUS TAREAS Y RECADOS.** ¿Hay cosas que usted puede hacer de manera diferente o que puede delegar para liberarse y así hacer las cosas que sólo usted puede hacer? ¿De verdad tiene que lavar los platos, o puede el lavavajillas o el lavaplatos hacer eso? ¿Puede contratar a su vecino de al lado para que le corte el césped? A algunas personas les gusta hacer sus compras en línea y que se las entreguen en la puerta de su casa; con unos pocos dólares extra pueden liberar varias horas extra.

¿Qué tal el intercambio de servicios con sus amigos o vecinos? Si le gusta cocinar, ofrezca cocinar comidas para ellos a cambio de alguna otra tarea que no le guste tanto. ¿Qué tal si organiza turnos con la vecina que también es mamá, para que cada una cuide de los niños de la otra, liberando tiempo para que pueda atender recados y tareas que se realizan con mayor rapidez sin los niños?

**5. HAGA TIEMPO PARA SÍ MISMO.**

Por último, pero no menos importante, asegúrese de tomar un tiempo para rejuvenecerse y refrescarse. Podrá realizar su trabajo con mayor eficacia y ser un mejor compañero para los que le rodean. Tómese el tiempo de disfrutar de su afición, leer un buen libro, orar, reflexionar, ponerse al día con amigos, etc.

## AHORA MISMO, UN DÍA TÍPICO DE LA SEMANA DE ANNA SE PARECE A ESTO:

**6:00 AM** La alarma empieza a sonar cada cinco minutos

**6:40 AM** Finalmente se levanta de la cama con prisa

**6:45 AM** Se ducha y se prepara para el día: pelo, vestido, maquillaje, cepillarse los dientes

**7:45 AM** Entra corriendo a la cocina para encender la cafetera, agarra sus medias o calcetines, mira en la nevera y calcula mentalmente lo que necesita comprar, les dice algunas cosas a Raul y a su hijo, y a veces come el desayuno, si es que le da tiempo.

**7:55 AM** Agarra su cafe y sale corriendo del garaje para ir al trabajo con la esperanza de que no haya tanto tráfico como siempre.

**8:30 AM** Entra en el estacionamiento del hospital deseando haber salido de casa cinco minutos antes.

**8:36 AM** Se registra para la jornada laboral, esperando que nadie se haya dado cuenta de que ha llegado un poco tarde, como siempre. Se sienta delante de su computadora la mayor parte de la mañana, levantándose de vez en cuando para tomar un poco de cafe o un aperitivo en la sala de descanso.

**12:30 PM** Almuerza

**1:00 PM** Se sienta delante de la computadora durante la mayor parte de la tarde y se levanta de vez en cuando para un cafe y un tentempié, o para ayudar a una persona confundida a llegar al lugar correcto.

**5:10 PM** Sale a su auto en el aparcamiento.

**5:30 PM** Hace una parada en el supermercado para comprar comida o en uno de los restaurantes para comprar la cena.

**6:25 PM** Llega a la casa.

**6:40 PM** Enciende la televisión y prepara la cena o calienta la comida para llevar.

**7:15 PM** Cena con Raul y a veces con su hijo, con la televisión encendida.

**7:50 PM** Limpia la cocina.

**8:30 PM** Se tumba en el sofá a comer el postre mientras ve la televisión.

**11:30 PM** Se encuentra muy cansada y se va a la cama pero da vueltas durante un rato.

**12:30** Finalmente se queda dormida.

## UN DÍA TÍPICO DE LA SEMANA PARA RAUL Y ALGUNOS FINES DE SEMANA CUANDO ÉL Y ANNA TRABAJAN:

**6:00 AM** La alarma de Anna empieza a sonar cada cinco minutos

**6:40 AM** Empuja a Anna para que salga de la cama y apaga la alarma

**7:00 AM** Se levanta de la cama con sueño

**7:10 AM** Se ducha y se prepara para el día

**7:40 AM** Pone las noticias

**7:50 AM** Mira cómo va su equipo deportivo favorito e intercambia algunas palabras con Anna y su hijo.

**8:10AM** Toma una barra de cereal y una bebida con sabor a naranja de la cocina para cuando esté parado en el tráfico. Sale del garaje para ir al trabajo.

**9:00 AM** Llega al trabajo. Se queda sentado delante de su escritorio durante la mayor parte del día. Se levanta ocasionalmente para tomar café o snacks.

**12:30 PM** Almuerza.

**1:30 PM** Trabaja delante de su computadora la mayor parte de la tarde. Se levanta un par de veces para ir a reuniones o para tomar café y merienda.

**6:00 PM** Sale del trabajo.

**7:00 PM** Llega a casa y se pone ropa cómoda.

**7:15 PM** Cena con Anna y a veces con su hijo.

**8:00 PM** Mira televisión y come snacks y bebe refresco.

**11:20 PM** Empieza a ir a la cama

**11:45 PM** Se queda dormido

Esta es la agenda diaria de Raul y Anna, que se repite también dos fines de semana al mes.¿Qué podrían cambiar Raul y Anna? ¿Quizás mas ejercicio y menos televisión? ¿Mas interacción con su hijo? ¿Un desayuno saludable en lugar de café y snacks? Escriba aquí qué cambiaría usted si fuera Raul o Anna.

_____

_____

_____

_____

_____

TÓMESE UN MOMENTO PARA PENSAR Y EVALUAR SU VIDA. ¿ESTÁS CONTENTO CON EL LUGAR DONDE USTED PASA SU TIEMPO? ¿ESTÁ CONTENTO Y ENTUSIASMADO CON LA DIRECCIÓN DE SU VIDA?

LOS CAMBIOS EN SU VIDA EMPIEZAN POR LAS DECISIONES QUE TOMA A DIARIO. OBSERVE EN QUÉ INVIERTE SU TIEMPO Y EVALÚE SI ESTA FELIZ CON LA MANERA EN LA QUE PASÓ EL DÍA.

¿ESTÁ CONTENTO CON CÓMO PASÓ SU DÍA? ¿HAY ALGUNOS CAMBIOS QUE LE GUSTARÍA HACER? SI ES ASÍ, APUNTE CÓMO SERÍA SU DÍA APLICANDO LOS CAMBIOS QUE DESEA PARA MEJORAR.

| 4:00 AM | | 4:00 AM | |
| 5:00 AM | | 5:00 AM | |
| 6:00 AM | | 6:00 AM | |
| 7:00 AM | | 7:00 AM | |
| 8:00 AM | | 8:00 AM | |
| 9:00 AM | | 9:00 AM | |
| 10:00 AM | | 10:00 AM | |
| 11:00 AM | | 11:00 AM | |
| 12:00 PM | | 12:00 PM | |
| 1:00 PM | | 1:00 PM | |
| 2:00 PM | | 2:00 PM | |
| 3:00 PM | | 3:00 PM | |
| 4:00 PM | | 4:00 PM | |
| 5:00 PM | | 5:00 PM | |
| 6:00 PM | | 6:00 PM | |
| 7:00 PM | | 7:00 PM | |
| 8:00 PM | | 8:00 PM | |
| 9:00 PM | | 9:00 PM | |
| 10:00 PM | | 10:00 PM | |
| 11:00 PM | | 11:00 PM | |
| 12:00 AM | | 12:00 AM | |
| 1:00 AM | | 1:00 AM | |
| 2:00 AM | | 2:00 AM | |
| 3:00 AM | | 3:00 AM | |

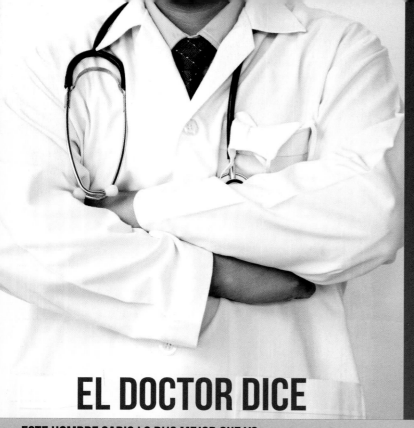

DIOS NOS HA DOTADO DE CIERTO CAUDAL DE FUERZA VITAL. NOS HA FORMADO TAMBIÉN CON ÓRGANOS ADECUADOS PARA EL CUMPLIMIENTO DE LAS DIFERENTES FUNCIONES DE LA VIDA, Y TIENE DISPUESTO QUE ESTOS ÓRGANOS FUNCIONEN ARMÓNICAMENTE. SI CONSERVAMOS CON CUIDADO LA FUERZA VITAL, Y MANTENEMOS EN BUEN ORDEN EL DELICADO MECANISMO DEL CUERPO, EL RESULTADO SERÁ LA SALUD.~ *EL MINISTERIO DE CURACIÓN*, P. 179.

# EL DOCTOR DICE

**ESTE HOMBRE SABIO LO DIJO MEJOR QUE YO:**

"Para todas las cosas hay un tiempo, y todo lo que se quiere debajo del cielo, tiene su tiempo:
Tiempo de nacer, y tiempo de morir; tiempo de plantar, y tiempo de arrancar lo plantado;
Tiempo de matar, y tiempo de curar; tiempo de destruir, y tiempo de edificar;
Tiempo de llorar, y tiempo de reír; tiempo de endechar, y tiempo de bailar;
Tiempo de esparcir las piedras, y tiempo de allegar las piedras; tiempo de abrazar, y tiempo de alejarse de abrazar;
Tiempo de buscar, y tiempo de perder; tiempo de guardar, y tiempo de arrojar;
Tiempo de romper, y tiempo de coser; tiempo de callar, y tiempo de hablar;
Tiempo de amar, y tiempo de aborrecer; tiempo de guerra, y tiempo de paz.
Todo lo hizo hermoso en su tiempo….
Y también que es don de Dios que todo hombre coma y beba, y goce el bien de toda su labor."
- Eclesiastés 3:1-8, 11, 13.

Hay un tiempo para todo. Todos tenemos 24 horas en un día. Asegúrese de alcanzar un equilibrio en su uso de esas 24 horas. Tome tiempo para trabajar duro y disfrutar de las recompensas de su labor después. Reserve tiempo para pasarlo con las personas más importantes para usted. Saque tiempo para Dios. Tome el tiempo de cuidarse y disfrutar de la vida. Estará más saludable y más feliz.

# COMER PARA VIVIR

**NUESTRO CUERPO SE FORMA CON EL ALIMENTO QUE INGERIMOS. ~ *EL MINISTERIO DE CURACIÓN*, P. 227.**

Nuestro cuerpo se forma con el alimento que ingerimos. En los tejidos del cuerpo se realiza de continuo un proceso de reparación, pues el funcionamiento de los órganos acarrea desgaste, y éste debe ser reparado por el alimento. Cada órgano del cuerpo exige nutrición. El cerebro debe recibir la suya; y lo mismo sucede con los huesos, los músculos y los nervios. Es una operación maravillosa la que transforma el alimento en sangre, y aprovecha esta sangre para la reconstitución de las diversas partes del cuerpo; pero esta operación, que prosigue de continuo, suministra vida y fuerza a cada nervio, músculo y órgano.

Deben escogerse los alimentos que mejor proporcionen los elementos necesarios para la reconstitución del cuerpo. En esta elección, el apetito no es una guía segura. Los malos hábitos en el comer lo han pervertido. Muchas veces pide alimento que altera la salud y causa debilidad en vez de producir fuerza. Tampoco podemos dejarnos guiar por las costumbres de la sociedad. Las enfermedades y dolencias que prevalecen por doquiera provienen en buena parte de errores comunes respecto al régimen alimenticio.

Para saber cuáles son los mejores comestibles tenemos que estudiar el plan original de Dios para la alimentación del hombre. El que creó al hombre y comprende sus necesidades indicó a Adán cuál era su alimento. "He aquí—dijo—que os he dado toda hierba que da simiente, ... y todo árbol en que hay fruto de árbol que da simiente, seros ha para comer." Génesis 1:29. Al salir del Edén para ganarse el sustento labrando la tierra bajo el peso de la maldición del pecado, el hombre recibió permiso para comer también "hierba del campo." Génesis 3:18.

Los cereales, las frutas carnosas, las oleaginosas y las legumbres constituyen el alimento escogido para nosotros por el Creador. Preparados del modo más sencillo y natural posible, son los comestibles más sanos y nutritivos. Comunican una fuerza, una resistencia y un vigor intelectual que no pueden obtenerse de un régimen alimenticio más complejo y estimulante.

Pero no todos los alimentos sanos de por sí convienen igualmente a nuestras necesidades en cualquier circunstancia. Nuestro alimento debe escogerse con mucho cuidado. Nuestro régimen alimenticio debe adaptarse a la estación del año, al clima en que vivimos y a nuestra ocupación. Algunos alimentos que convienen perfectamente a una estación del año o en cierto clima, no convienen en otros. También sucede que ciertos alimentos son los más apropiados para diferentes ocupaciones. Con frecuencia el alimento que un operario manual o bracero puede consumir con provecho no conviene a quien se entrega a una ocupación sedentaria o a un trabajo mental intenso. Dios nos ha dado una amplia variedad de alimentos sanos, y cada cual debe escoger el que más convenga a sus necesidades, conforme a la experiencia y a la sana razón.

Las oleaginosas [nueces, avellanas, almendras, maní o cacahuete] y sus derivados van substituyendo en gran medida a la carne. Con ellas pueden combinarse cereales, frutas carnosas y varias raíces, para constituir alimentos sanos y nutritivos; pero hay que tener cuidado de no incluir una proporción demasiado elevada de oleaginosas. Es posible que aquellos a quienes no les sienta bien su consumo vean subsanarse la dificultad si prestan atención a esta advertencia. Debe recordarse también que algunas no son tan sanas como otras. Las almendras, por ejemplo, son mejores que los cacahuetes, pero no obstante éstos también son nutritivos y de fácil digestión si se toman en pequeñas cantidades y mezclados con cereales.

Convenientemente preparadas, las aceitunas, lo mismo que las oleaginosas, pueden reemplazar la mantequilla y la carne. El aceite tal como se ingiere en la aceituna, es muy preferible al aceite animal y a la grasa.

Las personas acostumbradas a un régimen fuerte y muy estimulante tienen el gusto pervertido y no pueden apreciar de buenas a primeras un alimento sencillo. Se necesita tiempo para normalizar el gusto y para que el estómago se reponga del abuso. Pero los que perseveren en el uso de alimentos sanos, los encontrarán sabrosos al cabo de algún tiempo. Podrán apreciar su sabor delicado y los comerán con deleite, en preferencia a las golosinas malsanas. Y el estómago, en condición de salud, es decir, ni febril ni recargado, desempeñará fácilmente su tarea.

Para conservar la salud, se necesita una cantidad suficiente de alimento sano y nutritivo. No debe haber gran variedad de manjares en una sola comida, pues esto fomenta el exceso en el comer y causa la indigestión.

Las comidas deben ser variadas. Los mismos manjares, preparados del mismo modo, no deben figurar en la mesa, comida tras comida y día tras día. Las comidas se ingieren con mayor gusto y aprovechan mucho más cuando los manjares son variados.

Error grave es comer tan sólo para agradar al paladar; pero la calidad de los comestibles o el modo de prepararlos no es indiferente. Si el alimento no se come con gusto, no nutrirá tan bien al organismo. La comida debe

**1.** Elija granos integrales antes que los granos refinados, procesados.

escogerse cuidadosamente y prepararse con inteligencia y habilidad.

En la elaboración del pan, la harina blanca muy fina no es la mejor. Su uso no es saludable ni económico. El pan de flor de harina carece de los elementos nutritivos que se encuentran en el pan amasado con harina integral

**2.** ¡Cuidado con el azúcar! Evite especialmente comer mucha azúcar y lácteos juntos.

de trigo. Es causa frecuente de estreñimiento y otros efectos malsanos.

Se suele emplear demasiado azúcar en las comidas. Las tortas, los pudines, las pastas, las jaleas, los dulces son provocan la indigestión de forma activa. Particularmente dañinos son los flanes cuyos ingredientes princi-

**3.** ¡Reduzca la cantidad de queso y la mantequilla!

pales son la leche, los huevos y el azúcar. Debe evitarse el consumo copioso de la leche con azúcar.

Si se hace uso de la leche, debe estar bien esterilizada, pues con esta precaución se corre menor riesgo de enfermedad. La mantequilla es menos nociva cuando se la come con pan asentado que cuando se la emplea para coc inar, pero por regla general es mejor abstenerse de ella. El queso merece aún más objeciones; es absolutamente inapropiado como alimento.

El alimento escaso y mal cocido vicia la sangre, pues debilita los órganos que la producen. Desarregla el organismo y causa enfermedades acompañadas de nerviosidad y mal humor. Cuéntense hoy día por miles y decenas de millares las víctimas de la cocina defectuosa. Sobre muchas tumbas podrían escribirse epitafios como éstos: "Muerto por culpa de la mala cocina." "Muerto de resultas de un estómago estragado por el abuso."

Es un deber sagrado para las personas que cocinan aprender a preparar comidas sanas. Muchas almas se pierden como resultado de los alimentos mal preparados. Se necesita pensar mucho y tener mucho cuidado para hacer buen pan; pero en un pan bien hecho hay más religión de lo que muchos se figuran. Son muy pocas las cocineras realmente buenas.

**4. COMA A HORAS REGULARES, ¡Y NADA DE REFRIGERIOS!**

La ciencia culinaria no es una ciencia despreciable, sino una de las más importantes de la vida práctica. Preparar manjares apetitosos, al par que sencillos y nutritivos, requiere habilidad; pero puede hacerse. Las cocineras deberían saber preparar manjares sencillos en forma saludable, y de tal manera que resulten sabrosos precisamente por su sencillez.

La regularidad en las comidas es de vital importancia. Debe haber una hora señalada para cada comida, y entonces cada cual debe comer lo que su organismo requiere, y no ingerir más alimento hasta la comida siguiente. Son muchos los que comen a intervalos desiguales y entre comidas, cuando el organismo no necesita comida, porque no tienen suficiente fuerza de voluntad para resistir a sus inclinaciones. Los hay que cuando van de viaje se pasan el tiempo comiendo bocaditos de cuanto comestible les cae a mano. Esto es muy perjudicial. Si los que viajan comiesen con regularidad y sólo alimentos sencillos y nutritivos, no se sentirían tan cansados, ni padecerían tantas enfermedades.

Otro hábito pernicioso es el de comer inmediatamente antes de irse a la cama. Pueden haberse toma-

**5. EVITE COMER ANTES DE ACOSTARSE.**

COMER A HORAS REGULARES SIN REFRIGERIOS ADICIONALES AYUDARÁ A SU SISTEMA DIGESTIVO A DESCANSAR Y MEJORARÁ SU SALUD EN GENERAL.

Algunas maneras de comer que pueden aumentar el riesgo de desarrollar diabetes tipo 2 en los hombres son: [1]

- No tomar el desayuno
- Comer frecuentemente
- Refrigerios

EL MISMO ESTUDIO TAMBIÉN INDICÓ QUE LOS REFRIGERIOS Y NO COMER EL DESAYUNO, PODRÍA CONTRIBUIR AL PROBLEMA DE OBESIDAD. [2]

do ya las comidas de costumbre; pero por experimentar una sensación de debilidad, se vuelve a comer. Cediendo así al apetito se establece un hábito tan arraigado, que muchas veces se considera imposible dormir sin comer algo. Como resultado de estas cenas tardías la digestión prosigue durante el sueño; y aunque el estómago trabaja constantemente no lo hace en buenas condiciones. Las pesadillas suelen entonces perturbar el sueño, y por la mañana se despierta uno sin haber descansado, y con pocas ganas de desayunar. Cuando nos entregamos al descanso, el estómago debe haber concluído ya su tarea, para que él también pueda descansar, como los demás órganos del cuerpo. A las personas de hábitos sedentarios les resultan particularmente perjudiciales las cenas tardías, y el desarreglo que les ocasionan es muchas veces principio de alguna enfermedad que acaba en muerte.

En muchos casos, la sensación de debilidad que da ganas de comer proviene del excesivo recargo de los órganos digestivos durante el día. Estos, después de haber digerido una comida, necesitan descanso. Entre las comidas deben mediar cuando menos cinco o seis horas, y la mayoría de las personas que quieran hacer la prueba verán que dos comidas al día dan mejor resultado que tres.

Los manjares no deben ingerirse muy calientes ni muy fríos. Si la comida está fría, la fuerza vital del estómago se distrae en parte para calentarlos antes que pueda digerirlos. Por el mismo motivo las bebidas frías son perjudiciales, al par que el consumo de bebidas calientes resulta debilitante. En realidad, cuanto más líquido se toma en las comidas, más difícil es la digestión, pues el líquido debe quedar absorbido antes de que pueda empezar la digestión. Evítese el uso de mucha sal y el de encurtidos y especias, consúmase mucha fruta, y desaparecerá en gran parte la irritación que incita a beber mucho en la comida.

Conviene comer despacio y masticar perfectamente, para que la saliva se mezcle debidamente con el alimento y los jugos digestivos entren en acción.

Otro mal grave es el de comer a deshoras, como por ejemplo después de un ejercicio violento y excesivo, o cuando se siente uno extenuado o acalorado. Inmediatamente después de haber comido, el organismo gasta un gran caudal de energía nerviosa; y cuando la mente o el cuerpo están muy recargados inmediatamente antes o después de la comida, la digestión queda entorpecida. Cuando se siente uno agitado, inquieto o apurado, es mejor no comer antes de haber obtenido descanso o sosiego.

Hay una estrecha relación entre el cerebro y el estómago, y cuando éste enferma se substrae fuerza nerviosa del cerebro para auxiliar a los órganos digestivos debilitados. Si esto sucede con demasiada frecuencia, se congestiona el cerebro. Cuando la actividad cerebral es continua y escasea el ejercicio físico, aun la comida sencilla debe tomarse con moderación. Al sentarse a la mesa, deséchense los cuidados, las preocupaciones y todo apuro, para comer despacio y alegremente, con el corazón lleno de agradecimiento a Dios por todos sus beneficios.

Muchos de los que han descartado de su alimentación las carnes y demás manjares perjudiciales, piensan que, por ser sus alimentos sencillos y sanos, pueden ceder al apetito sin moderación alguna, y comen con exceso y a veces se entregan a la glotonería. Es un error. Los órganos digestivos no deben recargarse con una cantidad o calidad de alimento cuya asimilación abrume al organismo.

La costumbre ha dispuesto que los manjares se sirvan a la mesa en distintos platos. Como el comensal no sabe siempre qué plato sigue, es posible que satisfaga su apetito con una cantidad de un alimento que no es el que mejor le convendría. Cuando llega el último plato se arriesga a excederse sirviéndose del postre tentador que, en tal caso, le

**6.** MASTIQUE BIEN LOS ALIMENTOS.

**7.** HAGA DEL TIEMPO DE LA COMIDA UN MOMENTO FELIZ

resulta perjudicial. Si todos los manjares de la comida figuran en la mesa desde un principio, cada cual puede elegir a su gusto.

A veces el resultado del exceso en el comer se deja sentir en el acto. En otros casos no se nota dolor alguno; pero los órganos digestivos pierden su poder vital y la fuerza física resulta minada en su fundamento.

El exceso de comida recarga el organismo, y crea condiciones morbosas y febriles. Hace afluir al estómago una cantidad excesiva de sangre, lo que muy luego enfría las extremidades. Impone también un pesado recargo a los órganos digestivos, y cuando éstos han cumplido su tarea, se experimenta decaimiento y languidez. Los que se exceden así continuamente en el comer llaman hambre a esta sensación; pero en realidad no es más que el debilitamiento de los órganos digestivos. A veces se experimenta embotamiento del cerebro, con aversión para todo trabajo mental o físico.

Estos síntomas desagradables se dejan sentir porque la naturaleza hizo su obra con un gasto inútil de fuerza vital y quedó completamente exhausta. El estómago clama: "Dadme descanso." Pero muchos lo interpretan como una nueva demanda de alimento; y en vez de dar descanso al estómago le imponen más carga. En consecuencia es frecuente que los órganos digestivos estén gastados cuando debieran seguir funcionando bien.

Cuando se han contraído hábitos dietéticos erróneos debe procederse sin tardanza a una reforma. Puede ser que el estómago nunca recupere la salud completa después de un largo abuso; pero un régimen dietético conveniente evitará un mayor aumento de la debilidad, y muchos se repondrán más o menos del todo. No es fácil prescribir reglas para todos los casos; pero prestando atención a los buenos principios dietéticos se realizarán grandes reformas, y la persona que cocine no tendrá que esforzarse tanto para halagar el apetito.

La moderación en el comer se recompensa con vigor mental y moral, y también ayuda a refrenar las pasiones. El exceso en el comer es particularmente perjudicial para los de temperamento lerdo. Los tales deben comer con frugalidad y hacer mucho ejercicio físico. Hay hombres y mujeres de excelentes aptitudes naturales que por no dominar sus apetitos no realizan la mitad de aquello de que son capaces.

En esto pecan muchos escritores y oradores. Después de comer mucho, se entregan a sus ocupaciones sedentarias, leyendo, estudiando o escribiendo, sin darse tiempo para hacer ejercicio físico. En consecuencia, el libre flujo de los pensamientos y las palabras queda contenido. No pueden escribir ni hablar con la fuerza e intensidad necesarias para llegar al corazón de la gente, y sus esfuerzos se embotan y esterilizan.

Quienes llevan importantes responsabilidades, y sobre todo los que velan por intereses espirituales, deben ser hombres de aguda percepción e intensos sentimientos.

Más que nadie necesitan ser sobrios en el comer. Nunca debiera haber en sus mesas manjares costosos y suculentos.

Los que desempeñan cargos de confianza deben hacer diariamente resoluciones de gran trascendencia. A menudo deben pensar con rapidez, y esto sólo pueden hacerlo con éxito los que practican la estricta templanza. La mente se fortalece bajo la influencia del correcto tratamiento dado a las facultades físicas e intelectuales. Si el esfuerzo no es demasiado grande, cada nueva tarea añade nuevo vigor. No obstante, muchas veces el trabajo de los que tienen planes de acción importantes que estudiar y decisiones no menos importantes que tomar, queda siniestramente afectado por un régimen alimenticio impropio. El desarreglo del estómago perturba la mente. A menudo causa irritabilidad, aspereza o injusticia. Más de un plan de acción que hubiera podido ser beneficioso para el mundo se ha desechado; más de una medida injusta, opresiva y aun cruel ha sido llevada a cabo en consecuencia de un estado morboso proveniente de hábitos dietéticos erróneos.

Los de ocupación sedentaria, principalmente mental, que tengan suficiente valor moral y dominio propio, podrán probar el satisfacerse con dos o tres platos y no comer más de lo estrictamente necesario para saciar el hambre. Hagan ejercicio activo cada día, y verán como se benefician.

Los hombres robustos empeñados en trabajo físico activo no tienen tanto motivo de fijarse en la cantidad y calidad del alimento como las personas de hábitos sedentarios; pero aun ellos gozarán mejor salud si ejercen dominio propio en el comer y en el beber.

Hay quienes quisieran que se les fijara una regla exacta para su alimentación. Comen con exceso y les pesa después, y cavilan sobre lo que comen y beben. Esto no debiera ser así. Nadie puede sentar reglas estrictas para los demás. Cada cual debe dominarse a sí mismo y, fundado en la razón, obrar por principios sanos.

Nuestro cuerpo es propiedad de Cristo, comprada por él mismo, y no nos es lícito hacer de ese cuerpo lo que nos plazca. Cuantos entienden las leyes de la salud, implantadas en ellos por Dios, deben sentirse obligados a obedecerlas. La obediencia a las leyes de la higiene es una obligación personal. A nosotros mismos nos toca sufrir las consecuencias de la violación de esas leyes. Cada cual tendrá que responder ante Dios por sus hábitos y prácticas. Por tanto, la pregunta que nos incumbe no es: "¿Cuál es la costumbre del mundo?" sino "¿Cómo debo conservar la habitación que Dios me dió?" ~ *El Ministerio de Curación*, página 227-239.

# RAUL & ANNA
## UN PLAN DE COMIDAS MEJORADO

Raul y Anna podrían hacer muchos cambios para tener una dieta más saludable. A continuación se encuentra un ejemplo de un menú de un día para tener una alimentación saludable.

## ANNA

### DESAYUNO
Una manzana, otras frutas, una tostada de pan integral con mantequilla de almendras y/o avena con frutas y nueces.

### MERIENDA DE MEDIA MAÑANA
Un vaso grande de agua con limón (exprimido).

### ALMUERZO
Una comida de la cafetería. (Trate de optar por la opción vegetariana con muchas verduras. Si no hay, escoja la opción con la mayor cantidad de vegetales y menor cantidad de carne, o mejor aún, ¡prepare su almuerzo y llévelo al trabajo!)

### MERIENDA
Otro vaso grande de agua con limón.

### CENA
Si está demasiado cansada para cocinar, ¡podría calentar las comidas caseras que cocinó y guardó el domingo! (Vea la lista más abajo para consultar las recetas recomendadas.) Si no cocinaron con antelación y tienen que pedir comida para llevar o comer en un restaurante, pueden escoger las opciones más saludables —las que contienen muchos vegetales—.

## RAUL

### DESAYUNO:
Una manzana, otras frutas, una tostada de pan integral con mantequilla de almendras y/o avena con frutas y nueces.

### MERIENDA DE MEDIA MAÑANA:
Un vaso grande de agua con limón (exprimido).

### ALMUERZO:
Un sándwich vegetariano de aguacate con papas horneadas —no fritas— sin nada de refresco.

### MERIENDA:
Otro vaso grande de agua con limón.

### CENA:
Lo mismo que Anna. Vea izquierda.

Con las recetas que verá más abajo, ¡reducir la cantidad de carne y lácteos le resultará más fácil de lo que piensa! Muchas de estas recetas se pueden hacer con antelación y así puede congelar la comida para comerla más adelante. Si aún así le resulta demasiado difícil, haga cambios pequeños, poquito a poquito, como por ejemplo, incrementar la cantidad de frutas y verduras que come y reducir la cantidad de carne y lácteos.

## LIBROS DE COCINA RECOMENDADOS
AQUÍ HAY UNA LISTA DE LIBROS DE COCINA CON RECETAS VEGETARIANAS FÁCILES DE HACER, RÁPIDAS Y DELICIOSAS.

- 7 SECRET (7 SECRETOS)
- NATURALLY GOURMET (NATURALMENTE GOURMET)
- SOMETHING BETTER (ALGO MEJOR)
- THE NEW LIFE CHALLENGE (EL NUEVO RETO DE LA VIDA)
- AMAZING HEALTH COOKBOOK (SALUD INCREÍBLE LIBRO DE COCINA)
- KIDLICIOUS (RECETAS FÁCILES QUE SUS HIJOS PUEDEN PREPARAR)
- FROM PLANT TO PLATE (DE PLANTA AL PLATO)
- COCINA NATURAL

# EL DOCTOR DICE

Como regla general, si **NO** tiene ninguna necesidad o trastorno en particular, siga estas indicaciones:

### QUÉ COMER Y QUÉ BEBER:

- Frutas, verduras, frijoles, granos/cereales, nueces, agua.

### EVITE COMER:

- Carnes, pollo, pescado, queso y otros productos de origen animal, alimentos con alto contenido de azúcares, grasas y sal, alimentos procesados, cafeína, alcohol.

### OTROS CONSEJOS:

- Organícese para tener tiempo para cocinar. Aprenda a cocinar alimentos sencillos.
- Coma un desayuno sano y sustancioso.
- Coma a horas específicas y evite picar entre comidas.

- Evite comer cualquier cosa de 3 a 4 horas antes de acostarse.
- Coma con otras personas y en casa todas las veces que pueda.
- Tome tiempo para disfrutar de su comida. Mastique minuciosamente.
- No coma mientras está enojado, estresado, muy alterado, etc. ¡Que la hora de comer sea un momento feliz!
- Coma alimentos en su estado natural lo más que pueda. (Por ejemplo: comer un racimo de uvas frescas es mas saludable que una bebida o una mermelada procesada y con azúcar.)
- No coma en exceso.

# ANDREA

Mi nombre es Andrea. Tengo 23 años. Mi vida era bastante «normal» hasta que cumplí 13 años. Alrededor de ese tiempo, empecé a experimentar dolores extraños en mis manos y pies, pero los ignoré porque pensé que estaban relacionados con mi crecimiento. Cuando el dolor empeoró, visité a varios médicos y especialistas y me diagnosticaron artritis reumatoide a la temprana edad de 14 años. El dolor llegó a ser tan insoportable que el reumatólogo me recomendó un medicamento muy fuerte. Sin embargo, mis padres decidieron probar los métodos naturales de curación antes de darme ese medicamento.

## ¡ESTOY LIBRE DE LA ARTRITIS! ¡NUNCA PENSÉ QUE ME PODRÍA CURAR DE ESA ENFERMEDAD DOLOROSA!

Una de las primeras cosas que mi médico naturista recomendó fue que cambiara mi dieta. Dejé de comer comida chatarra (comida basura), evité los alimentos azucarados, y tuve una dieta basada completamente en las verduras. Mis padres me hicieron jugos saludables de limón y apio por las mañanas. También me cuidaban con amor y me ayudaban a aliviar los dolores en las articulaciones usando cojines de agua caliente y fría. También desarrollé el hábito de irme a dormir a las 9:30 p.m. y despertarme a las 6 a.m. para ayudar a disminuir la inflamación y la rigidez de no descansar lo suficiente.

A lo largo de todo este tiempo, muchas personas oraron por mí y me ayudaron. Nuestra familia era optimista y estaba convencida de que yo sería capaz de vivir una vida normal otra vez. Hubo momentos en los que dependí de una silla de ruedas, y parecía una persona anciana y frágil en el cuerpo de una adolescente. Con el tiempo empecé a tomar el medicamento que mi reu-

matólogo había sugerido y eso también ayudó a aliviar el dolor. A lo largo de esta etapa de recuperación, no sólo he observado un cambio externo, sino también un cambio en mi interior. Empecé a ver a mis padres como mis cuidadores amorosos y mis hermanos como mis queridos amigos. También empecé a resolver conflictos con mis amigos. Desarrollé una relación más profunda con Dios y empecé a confiar en Él y su amor cada vez más. Estos cambios dentro de mí también prepararon el camino hacia la recuperación al desarrollar en mí una fuerza interior de resistencia y perseverancia.

Con estos cambios de estilo de vida, el apoyo de la familia y los amigos, y una actitud optimista y confiada, empecé a mejorar. Cuando miro hacia atrás, a los últimos diez años de mi vida, me sorprendo por lo lejos que he llegado con la ayuda de Dios, de mi familia, y de mis amigos. Hoy en día, siempre y cuando sigo estos hábitos saludables, ¡estoy libre de la artritis! ¡Nunca pensé que me podría curar de esa enfermedad dolorosa!

Hoy en día, Andrea está estudiando para convertirse en una dietista o nutricionista (nutrióloga) con la esperanza de poder ayudar a otros a curarse de muchas enfermedades relacionadas con la dieta.

# HÁBITO #9

# VEGEDUCAR
## UNA DIETA BASADA EN PLANTAS Y VERDURAS

MUCHOS MUEREN DE ENFERMEDADES DEBIDAS ÚNICAMENTE AL USO DE LA CARNE, SIN QUE NADIE SOSPECHE LA VERDADERA CAUSA DE SU MUERTE. ~*EL MINISTERIO DE CURACIÓN*, PAGINA 242.

A l igual que muchos americanos, a Raul y a Anna les encantan las hamburguesas con queso, tocino, y muchas otras carnes. Ellos han tratado de reducir la cantidad de carne roja que comen, por el nivel de colesterol de Raul, pero aún comen algún tipo de carne diariamente.

Aunque el vegetarianismo se ha vuelta cada vez más popular, los adventistas del séptimo día longevos han propugnado este estilo de vida como se explica en *El Ministerio de Curación*, durante más de 150 años.

## 24%
Los vegetarianos mostraron un 24% menos riesgo de morir de enfermedad coronaria.[1]

## 20-35%
Una dieta vegetariana equilibrada con fibra, soja y nueces produjo una reducción del 20-35% en el nivel de colesterol.[2]

**LA GENTE NO VEGETARIANA TENÍA RIESGO 3 VECES MAYOR DE DESARROLLAR DIABETES QUE LOS VEGETARIANOS.[3]**

## 8.5X
Un estudio en Japón reveló que las mujeres que comían carne diariamente eran 8.5 veces más propensas a desarrollar cáncer de mama que las que comían carne en raras ocasiones o nunca.[4]

## 40%
Estudios realizados en Inglaterra y Alemania mostraron que los vegetarianos eran un 40% menos propensos a desarrollar cáncer en comparación con los consumidores de carne.[5]

La cita de abajo parece estar describiendo una dieta vegetariana o vegana. La mayor parte de —si no todos— los adventistas del séptimo día longevos siguen una dieta equilibrada vegetariana o vegana.

### COMO MENCIONAMOS EN EL CAPÍTULO ANTERIOR:

Los cereales, las frutas carnosas, las oleaginosas y las legumbres constituyen el alimento escogido para nosotros por el Creador. Preparados del modo más sencillo y natural posible, son los comestibles más sanos y nutritivos. Comunican una fuerza, una resistencia y un vigor intelectual que no pueden obtenerse de un régimen alimenticio más complejo y estimulante. ~ *El Ministerio de la Curación*, pagina 228.

## 3X
Un estudio hecho en la Universidad de Harvard descubrió que las personas que comían carne de res (ternera), cerdo o cordero diariamente tenían aproximadamente un riesgo 3 veces mayor de sufrir de cáncer de colon en comparación con quienes suelen evitar estos productos.[6]

## +3X
Los que comían carne blanca, en particular el pollo, tenían un riesgo aproximadamente 3 veces mayor de sufrir cáncer de colon que los vegetarianos.[7]

Según un estudio publicado en el *Journal of the American Medical Association*, las dietas vegetarianas están asociadas con un menor riesgo de muerte prematura. También están asociadas con un menor riesgo de sufrir enfermedades crónicas, incluyendo la hipertensión, la diabetes y la enfermedad isquémica del corazón. Dichas dietas también ayudan a reducir muchos factores de riesgo para muchas otras enfermedades, como los accidentes cerebrovasculares, enfermedades del corazón y la diabetes.[8]

# DIETAS VEGANAS

## 32-44%

Los veganos tenían un 32-44% menos colesterol LDL y total que los omnívoros.[9]

**EN CONCLUSIÓN, UNA PERSONA QUE TIENE UNA DIETA BASADA EN PLANTAS Y VERDURAS TIENDE A TENER:** [10]

- Un peso corporal sano
- Nivel de colesterol más bajo
- Presión sanguínea más baja
- Menor riesgo de enfermedades del corazón
- Menor riesgo de diabetes
- Menor riesgo de cáncer

El régimen señalado al hombre al principio no incluía ningún alimento de origen animal. Hasta después del diluvio cuando toda vegetación desapareció de la tierra, no recibió el hombre permiso para comer carne.

Al señalar el alimento para el hombre en el Edén, el Señor demostró cuál era el mejor régimen alimenticio; en la elección que hizo para Israel enseñó la misma lección. Sacó a los israelitas de Egipto, y emprendió la tarea de educarlos para que fueran su pueblo. Por medio de ellos deseaba bendecir y enseñar al mundo. Les suministró el alimento más adecuado para este propósito, no la carne, sino el maná, "el pan del cielo." Pero a causa de su descontento y de sus murmuraciones acerca de las ollas de carne de Egipto les fue concedido alimento animal, y esto únicamente por poco tiempo. Su consumo trajo enfermedades y muerte para miles. Sin embargo, nunca aceptaron de buen grado la restricción de tener que alimentarse sin carne. Siguió siendo causa de descontento y murmuración, en público y en privado, de modo que nunca revistió carácter permanente.

Al establecerse en Canaán, se permitió a los israelitas que consumieran alimento animal, pero bajo prudentes restricciones encaminadas a mitigar los malos resultados. El uso de la carne de cerdo quedaba prohibido, como también el de la de otros animales, de ciertas aves y

de ciertos peces, declarados inmundos.* De los animales declarados comestibles, la grasa y la sangre quedaban absolutamente proscritas.

Sólo podían consumirse las reses sanas. Ningún animal desgarrado, mortecino, o que no hubiera sido cuidadosamente desangrado, podía servir de alimento.

Por haberse apartado del plan señalado por Dios en asunto de alimentación, los israelitas sufrieron graves perjuicios. Desearon comer carne y cosecharon los resultados. No alcanzaron el ideal de carácter que Dios les señalara ni cumplieron los designios divinos. El Señor "les dio lo que pidieron; mas envió flaqueza en sus almas." Salmos 106:15. Preferían lo terrenal a lo espiritual, y no alcanzaron la sagrada preeminencia a la cual Dios se había propuesto que llegasen.

Los que comen carne no hacen más que comer cereales y verduras de segunda mano, pues el animal recibe de tales productos el alimento que lo nutre. La vida que estaba en los cereales y en las verduras pasa al organismo del ser que los come. Nosotros a nuestra vez la recibimos al comer la carne del animal. ¡Cuánto mejor sería aprovecharla directamente, comiendo el alimento que Dios dispuso para nuestro uso!

La carne no fue nunca el mejor alimento; pero su uso es hoy día doblemente inconveniente, ya que el

*Vea Levítico 11 para una lista de animales limpios e impuros.

número de los casos de enfermedad aumenta cada vez más entre los animales. Los que comen carne y sus derivados no saben lo que ingieren. Muchas veces si hubieran visto los animales vivos y conocieran la calidad de su carne, la rechazarían con repugnancia. Continuamente sucede que la gente coma carne llena de gérmenes de tuberculosis y cáncer. Así se propagan estas enfermedades y otras también graves.

De la enfermedad de las vacas locas a la Salmonela a la baba rosa, la salubridad y limpieza de las carnes que se sirven hoy en día se vuelve cada vez más peligrosa y cuestionable. ¡Infórmese y piense antes de comer esa hamburguesa con queso tan tentadora!

### LA ENFERMEDAD DE LAS VACAS LOCAS (CONOCIDO COMO VECJ EN LOS HUMANOS)

Esta enfermedad que destruye el cerebro se hizo más famosa en los años 90. Se dice que se propagó al alimentar a vacas aparentemente sanas con cadáveres de las vacas enfermas. Esta enfermedad se ha visto en múltiples especies de animales así como en los seres humanos. El cerebro empieza a degenerarse en lo que se asemeja a una esponja porosa, la persona infectada empieza a tener dificultad para hablar, se tropieza, actúa como 'loca' y finalmente muere. Actualmente no se conoce una cura para esta espantosa enfermedad.[11] Hay alguna controversia en cuanto a cómo se traspasa la enfermedad, si es por la carne, la leche, la gelatina u otros productos de res infectados. Pero muchos estarán de acuerdo en que la mejor manera —y la más segura— de prevenir esta enfermedad es evitando los productos de res.

### INTOXICACIÓN POR SALMONELA

La bacteria de la salmonela puede contaminar los alimentos, especialmente la carne de res, las aves de corral, la leche y los huevos debido a la manipulación antihigiénica. Algunos de los síntomas de envenenamiento son la diarrea, la fiebre, y los calambres abdominales. Muchas personas pueden recuperarse sin tratamiento, pero algunas pueden necesitar ser hospitalizados. En algunos casos, el resultado es la muerte.[12,13]

### LA BABA ROSA

Este es un aditivo barato que se usa en muchos productos de carne molida que se encuentran en supermercados, restaurantes de comida rápida, e incluso en los almuerzos escolares. A menudo se etiqueta como "carne de vacuno de textura fina" o "cortes magros de carne sin hueso," pero en realidad son las partes sobrantes de una vaca que no se pueden comer normalmente. Estas piezas suelen estar

infestadas con E. coli y otras bacterias mortales, por lo que el producto se trata con amoníaco, y se sirve como hamburguesa.[14, 15]

Estos son sólo tres ejemplos de las innumerables maneras en las que las enfermedades que se encuentran en los animales y la forma en la que procesamos las carnes podrían suponer una amenaza mortal para nuestra salud.

En los tejidos del cerdo hormiguean los parásitos. Del cerdo dijo Dios: "Os será inmundo. De la carne de éstos no comeréis, ni tocaréis sus cuerpos muertos." Deuteronomio 14:8. Este mandato fue dado porque la carne del cerdo es impropia para servir de alimento. Los cerdos se alimentan de desperdicios, y sólo sirven para este fin. Nunca, en circunstancia alguna, debería ser consumida su carne por los seres humanos. Imposible es que la carne de cualquier criatura sea sana cuando la inmundicia es su elemento natural y se alimenta de desechos.

Según un informe publicado en enero de 2013 por Consumer Reports, hay serias preocupaciones acerca de la seguridad de comer carne de cerdo.[16] Casi el 70 por ciento de la carne de cerdo que se probó estaba infectada con la bacteria conocida como Yersinia Enterocolitica que puede causar fiebre, diarrea y dolor abdominal. Esta bacteria infecta a aproximadamente 100.000 americanos al año, especialmente los niños. También encontraron salmonela, Staphylococcus Aureus, y Enterococcus, que pueden causar problemas de salud similares en los seres humanos, incluyendo infecciones del tracto urinario. Casi el 90 por ciento de las muestras de carne de cerdo analizadas tenían bacterias que eran resistentes a uno o más antibióticos, y 40 por ciento de las muestras tenían bacterias que eran resistentes a de dos a cinco tipos de antibióticos. Esta es una noticia preocupante porque si estas bacterias nos enferman, los médicos tendrán que recetar antibióticos más potentes, lo que contribuye al crecimiento acelerado de las "superbacterias" resistentes a los fármacos, que amenazan la salud del ser humano.

Aunque ser infectado por el parásito de la Triquinosis solía ser el principal temor a la hora de comer carne de cerdo, parece que hay otros problemas de salud a tener en cuenta ahora. Los adventistas del séptimo día longevos han evitado comer cualquier tipo de carne de cerdo. Tal vez hay más sabiduría de la que nos damos cuenta cuando Dios dice que es impuro comer carne de cerdo. **

Algunos de los procedimientos seguidos para cebarlos ocasionan enfermedades. Encerrados sin luz y sin

**Vea Deuteronomio 14:8

aire puro, respiran el ambiente de establos sucios, se engordan tal vez con cosas averiadas y su cuerpo entero resulta contaminado de inmundicias.

Muchas veces los animales son transportados a largas distancias y sometidos a grandes penalidades antes de llegar al mercado. Arrebatados de sus campos verdes, y salvando con trabajo muchos kilómetros de camino, sofocados por el calor y el polvo o amontonados en vagones sucios, calenturientos y exhaustos, muchas veces faltos de alimento y de agua durante horas enteras, los pobres animales van arrastrados a la muerte para que con sus cadáveres se deleiten seres humanos.

En muchos puntos los peces se contaminan con las inmundicias de que se alimentan y llegan a ser causa de enfermedades. Tal es en especial el caso de los peces que tienen acceso a las aguas de albañal de las grandes ciudades. Los peces que se alimentan de lo que arrojan las alcantarillas pueden trasladarse a aguas distantes, y ser pescados donde el agua es pura y fresca. Al servir de alimento llevan la enfermedad y la muerte a quienes ni siquiera sospechan el peligro.

En un mundo perfecto, sin contaminación ambiental, sin enfermedades y sin piscifactorías antihigiénicas y hacinadas, el pescado puede ser una opción para la cena. Pero, teniendo en cuenta las circunstancias actuales de contaminación del agua, las enfermedades que surgen por la cría hacinada y apretada en los criaderos industrializados, y el pienso de carne para peces, el pescado se ha vuelto en un alimento cada vez menos ideal para nosotros. Muchas especies de peces que se venden en los supermercados y se sirven en los restaurantes provienen de las granjas de peces industrializadas en las que los peces están hacinados en espacios reducidos y son alimentados con comida que suele constar de otros peces muertos, harina de pescado, maíz, soja, etc., y antibióticos para evitar las enfermedades que se fomentan con tanta facilidad en estos espacios reducidos. Incluso si usted elige conscientemente peces que son capturados en la naturaleza, no es raro que estos peces de criadero, se escapen a la naturaleza. Por lo tanto, sus peces silvestres podrían fácilmente ser un pescado de una granja de peces o un descendiente de un pez potencialmente enfermo de una granja de peces.[17, 18]

También se añade a estos riesgos para la salud el problema del mercurio, las dioxinas, el PCB y otros metales pesados y contaminantes. Muchos peces tienen altos niveles de estos contaminantes que pueden causar daños en el sistema nervioso, especialmente en los fetos cuando la madre los consume, así como provocar varias formas de cáncer y problemas en el sistema reproductivo.[19]

Usted puede estar pensando, ¿qué pasa con mis ácidos grasos omega-3? ¿Cómo voy a conseguirlos? ¿No es el pescado una opción saludable para eso? Podría ser, si no hubiera tantos factores ambientales negativos a tener en cuenta. Los ácidos grasos omega-3 son muy importantes para el cerebro, el corazón y la salud en general, pero es posible obtenerlos de fuentes vegetales que suponen un riesgo mucho menor para la salud, teniendo en cuenta los factores ambientales.[20] Además, numerosos estudios han demostrado que una dieta bien equilibrada a base de plantas y vegetales es mucho mejor para su salud en general, por lo que puede estar sano, incluso sin el pescado.

Los efectos de una alimentación con carne no se advierten tal vez inmediatamente; pero esto no prueba que esa alimentación carezca de peligro. Pocos se dejan convencer de que la carne que han comido es lo que envenenó su sangre y causó sus dolencias. Muchos mueren de enfermedades debidas únicamente al uso de la carne, sin que nadie sospeche la verdadera causa de su muerte.

Los males morales derivados del consumo de la carne no son menos patentes que los males físicos. La carne daña la salud; y todo lo que afecta al cuerpo ejerce también sobre la mente y el alma un efecto correspondiente. Pensemos en la crueldad hacia los animales que entraña la alimentación con carne, y en su efecto en quienes los matan y en los que son testigos del trato que reciben. ¡Cuánto contribuye a destruir la ternura con que deberíamos considerar a estos seres creados por Dios!

La inteligencia desplegada por muchos animales se aproxima tanto a la de los humanos que es un misterio. Los animales ven y oyen, aman, temen y padecen. Emplean sus órganos con harta más fidelidad que muchos hombres. Manifiestan simpatía y ternura para con sus compañeros que padecen. Muchos animales demuestran tener por quienes los cuidan un cariño muy superior al que manifiestan no pocos humanos. Experimentan un apego tal para el hombre, que no desaparece sin gran dolor para ellos.

¿Qué hombre de corazón puede, después de haber cuidado animales domésticos, mirar en sus ojos llenos de confianza y afecto, luego entregarlos con gusto a la cuchilla del carnicero? ¿Cómo podrá devorar su carne como si fuese exquisito bocado?

Haga la búsqueda en línea: "¿Los animales que se crían por su carne pueden sentir y sufrir?" "la crueldad de la carne," "hechos de la ganadería industrial" u otras variaciones de palabras similares, y encontrará numerosos artículos y vídeos que revelan cuánto sufren los animales para que los seres humanos obtengan su carne. También puede ver el vídeo titulado, "Si los mataderos tuviesen paredes de cristal, todo el mundo sería vegetariano."

La mayor parte de la carne que se vende en los supermercados y se sirve en los restaurantes proviene de lo que se llaman granjas industriales. Los animales nacen, enjaulados, y se crían en el interior en un entorno de fábrica. Los matan, los cortan, se envasan y se venden de manera sistemática para obtener los máximos beneficios económicos. Con el fin de mantener el precio de la carne reducido, se ponen en marcha estas prácticas comunes en las granjas industriales: [21,22]

# GALLINAS ADENTRO
# GRANJAS INDUSTRIALES[23]

## LAS GALLINAS PONEDORAS

- Hasta 10 gallinas están apretadas juntas en una jaula de alambre más o menos del tamaño de un archivador.
- Cada ave tiene un área menor a de 8,5" x 11" (una hoja de papel) en la que tiene que pasar toda su vida.
- Como resultado de este confinamiento estas gallinas pueden volverse locas y luchar entre ellas; para disminuir los efectos de este problema se quema o se corta una porción del pico de las gallinas sin utilizar analgésicos.
- Un gran número de estas gallinas se enferman y se las mata o se las deja morir lentamente.

## CARNE DE POLLO

- Estos pollos también viven en condiciones de hacinamiento y se alimentan en exceso. Hacer ejercicio les está restringido para que engorden lo más rápido posible. Crecen a un tamaño desproporcionadamente grande y no pueden soportar su propio peso. Algunos se convierten en lisiados, incapaces de alcanzar la comida o el agua.
- Para mantenerlos comiendo y creciendo, se evita que duerman manteniendo las luces encendidas durante la mayor parte del día.
- Los pollos pueden vivir hasta (los) diez años, pero se mata a estos pollos a las seis semanas de nacer.

## POLLUELOS MACHOS

- Se mata a los pollitos machos que son incubados y que no pueden ser criados para la carne poco después de su nacimiento, ya sea molidos, por cámara de gas, triturados o por asfixia

# VACAS ADENTRO
# GRANJAS INDUSTRIALES[24]

## LAS VACAS DE CARNE DE VACUNA

- Se les marca y se les castra sin anestesia.
- Se les quitan los cuernos sin analgésicos.
- Para aumentar su peso, se les alimenta con una dieta de grano natural que es demasiado duro para sus cuerpos, y les provoca enfermedad, dolor, y a veces la muerte.

## TERNEROS

- Por lo general son tomados de sus madres un día después de su nacimiento.
- Las dietas y los movimientos son muy restringidos para evitar que sus músculos se desarrollen, lo que hace que la carne esté más tierna.

# CERDOS Y PESCADO ADENTRO
# GRANJAS INDUSTRIALES[25, 26]

## VACAS LECHERAS

- Reciben hormonas de crecimiento, dietas antinaturales, y se les cría selectivamente para producir alrededor de 100 libras de leche por día, diez veces más que su cantidad normal.
- Muchas están demasiado enfermas o heridas para mantenerse de pie o caminar por sí mismas.
- Experimentan la mutilación quirúrgica sin analgésicos.
- Proliferan en la mastitis, una infección dolorosa de bacteria que causa que la ubre de una vaca se hinche debido a la producción de leche anormalmente alta.
- Para mantener el flujo de leche, se insemina artificialmente a estas vacas una vez al año. El período de gestación dura nueve meses, por lo que estas vacas están embarazadas durante la mayor parte de sus vidas.

## PESCADO

- Los peces también se crían en condiciones muy apretadas. A menudo se encuentran nadando en aguas turbias, llenas de desechos. Proliferan las enfermedades, por lo que también se alimentan con antibióticos.

Muchos de estos animales que son sacrificados sin piedad para ser comida, muestran tanta o a veces más inteligencia, amor y emoción que nuestro perro, el gato o incluso un niño pequeño. Si pensamos que es malo y cruel tratar a nuestros animales domésticos de esta manera, ¿por qué es aceptable tratar a estos animales de granja así?

Es un error suponer que la fuerza muscular dependa de consumir alimento animal, pues sin él las necesidades del organismo pueden satisfacerse mejor y es posible gozar de salud más robusta. Los cereales, las frutas, las oleaginosas y las verduras contienen todas las propiedades nutritivas para producir buena sangre. Estos elementos no son provistos tan bien ni de un modo tan completo por la dieta de carne. Si la carne hubiera sido de uso indispensable para dar salud y fuerza, se la habría incluído en la alimentación indicada al hombre desde el principio.

A menudo, al dejar de consumir carne, se experimenta una sensación de debilidad y falta de vigor. Muchos insisten en que esto prueba que la carne es esencial; pero se la echa de menos porque es un alimento estimulante que enardece la sangre y excita los nervios. A algunos les es tan difícil dejar de comer carne como a los borrachos renunciar al trago; y sin embargo se beneficiarían con el cambio.

Cuando se deja la carne hay que substituirla con una variedad de cereales, nueces, legumbres, verduras y frutas que sea nutritiva y agradable al paladar. Esto es particularmente necesario al tratarse de personas débiles o que estén recargadas de continuo trabajo. En algunos países donde reina la escasez, la carne es la comida más barata. En tales circunstancias, el cambio de alimentación será más difícil, pero puede realizarse. Sin embargo, debemos tener en cuenta la condición de la gente y la

## CERDOS

- Los cerdos también se mantienen en espacios muy estrechos e incómodos y se les insemina artificialmente para que produzcan la mayor cantidad posible de lechones para la carne.
- Los lechones son castrados sin anestesia porque a los consumidores no les gusta el olor y el sabor de los machos no castrados.
- Los cerdos pueden vivir hasta quince años, pero la mayoría muere mucho antes debido a la enfermedad o se les mata a los seis meses de vida.

fuerza de las costumbres establecidas, y también guardarnos de imponer indebidamente las ideas nuevas, por buenas que sean. No hay que instar a nadie a que efectúe este cambio bruscamente. La carne debe reemplazarse con ali-

## HACERSE VEGETARIANO

mentos sanos y baratos.*** En este asunto mucho depende de quien cocine. Con cuidado y habilidad, pueden prepararse manjares nutritivos y apetitosos con que substituir en buena parte la carne.

En todos los casos, edúquese la conciencia, apélese a la voluntad, suminístrese alimento bueno y sano,

y el cambio se efectuará de buena gana, y en breve cesará la demanda de carne.

¿No es tiempo ya de que todos prescindan de consumir carne? ¿Cómo pueden seguir haciendo uso de un alimento cuyo efecto es tan pernicioso para el alma y el cuerpo los que se esfuerzan por llevar una vida pura, refinada y santa, para gozar de la compañía de los ángeles celestiales? ¿Cómo pueden quitar la vida a seres creados por Dios y consumir su carne con deleite? Vuelvan más bien al alimento sano y delicioso que fué dado al hombre en el principio, y tengan ellos mismos y enseñen a sus hijos a tener misericordia de los seres irracionales que Dios creó y puso bajo nuestro dominio. ~ *El Ministerio de Curación*, página 240-244.

***Vea la lista de recetas y libros de cocina al final del Hábito #8.

LA ASOCIACIÓN AMERICANA DE DIETÉTICA MANTIENE LA POSICIÓN DE QUE LAS DIETAS VEGETARIANAS ADECUADAMENTE PLANIFICADAS, INCLUIDAS LAS DIETAS VEGANAS, SON SALUDABLES, NUTRICIONALMENTE ADECUADAS, Y PUEDEN PROPORCIONAR BENEFICIOS PARA LA SALUD Y AYUDAR EN LA PREVENCIÓN Y TRATAMIENTO DE CIERTAS ENFERMEDADES. LAS DIETAS VEGETARIANAS BIEN PLANIFICADAS SON APROPIADAS PARA LAS PERSONAS DURANTE TODAS LAS ETAPAS DEL CICLO DE VIDA, COMO EL EMBARAZO, LA LACTANCIA, LA INFANCIA, LA NIÑEZ Y LA ADOLESCENCIA, Y SON ADECUADAS PARA LOS ATLETAS.- *REVISTA DE LA ASOCIACIÓN AMERICANA DE DIETÉTICA.*[27]

## EL DOCTOR DICE

SER UN VEGETARIANO EQUILIBRADO NO SÓLO ES MÁS SALUDABLE PARA NOSOTROS, SINO QUE TAMBIÉN ES MEJOR PARA EL MEDIO AMBIENTE Y MÁS COMPASIVO PARA LOS ANIMALES.

LAS DIETAS VEGETARIANAS BIEN PLANIFICADAS SON APROPIADAS PARA TODAS LAS ETAPAS DE LA VIDA.

- Si excluye por completo todos los alimentos de origen animal (carnes, pollo, lácteos, huevos, etc.) asegúrese de que tiene una suficiente cantidad de vitaminas y minerales como la vitamina B12, calcio, vitamina D, zinc, hierro, etc. Muchos vegetarianos/veganos toman suplementos que se adquieren en la tienda local de alimentos saludables.
- Asegúrese de seguir una dieta equilibrada. Al final del Hábito #8 se enumeran algunos libros útiles.
- Si la cocina vegetariana/vegana es nueva para usted y necesita ayuda o ideas, visite la Iglesia Adventista del Séptimo Día local o contacte con ellos para obtener más ayuda

  - Página web: http://www.nadhealthministries.org/
  - Buscador: http://www.adventistdirectory.org/
  - Página web: http://www.newstart.com/

# Caldo de albóndigas Veganas

## INGREDIENTES

1 bolsa carne vegana de "meat balls" de la marca Gardein o Trader Joe's

2 papas grandes

1/2 taza de cebolla

1/2 taza de cilantro

1/2 taza de zanahorias picadas

1/2 taza de repollo verde

1/2 taza de apio

1/2 taza de arroz

1 lata de "salsa "El Pato"

1 cucharada de tu condimento favorito para sazonar

Agua suficiente para cubrir las verduras.

Sal al gusto

## PREPARACIÓN

-En una olla ponga agua suficiente para cocinar con tapa y hervir.

-Pelé y corte las papas en 4 pedazos agregue al agua hirviendo y cubra cosine por 10 minutos. Y lavar y añadir el arroz.

-Añadir las carne de albóndigas veganas y agregar salsa El pato durante 10 minutos.

-Agregue las cebollas, las zanahorias, el apio, el repollo y el condimento y cine hasta obtener la textura deseada de los vegetales.

-Añadir sal al gusto.

-Añadir cilantro

# Tacos Veganos

## INGREDIENTES

1 paquete de carne de soya (Morning Star Crumbles)

1 cucharada de sal de ajo

½ taza de cebolla

1 diente de ajo

Aceite de oliva

Tortillas de maiz

De Toping:

½ taza de cilantro

2 limones

sal al gusto

## PREPARACIÓN

En una cacerola, agregue una pequeña cantidad de aceite y saltee la cebolla y el ajo hasta que se doren. Luego, agregue la carne vegetariana y cocine hasta que esté bien cocida. Luego agregue sal de ajo y cocine un poco más.

Cocine las tortillas en una comal aparte. Una vez hecho, agregue la carne vegetariana a las tortillas y agregue las coberturas que prefiera.

Picar las cebollas en cubitos pequeños. Triture el cilantro y agregue jugo de limón y sal al gusto.

# Chili Beans Hawaiano

## INGREDIENTES

4 tazas de frijoles peruanos
1 soyrizo
¼ Cebolla, picada
1 diente de ajo, picado
1 lata pequeña de salsa de tomate
1 lata de piña. (Ahorra el jugo)
1 cucharada. Polvo de chile
1 cucharada. Cebolla en polvo
1 cucharada. Polvo de ajo
Sal al gusto

## PREPARACIÓN

Ponga los frijoles en una olla, y ponga el fuego a alto. Una vez que empiece a hervir, baje el fuego a bajo y permita 2 horas de tiempo de cocción.

Cuando los frijoles estén cerca, agregue la cebolla y el soyrizo. Luego agregar los condimentos y la salsa de tomate y tomate. Después de esto poner en la piña y el jugo y dejar hervir durante unos minutos. Luego agregue sal al gusto.

# Tofu Ranchero

## INGREDIENTES

1 bloques de tofu empacados en agua, extra firmes

1/2 cebolla mediana, cortada en cubitos

1/2 tazas de pimiento rojo, cortado en cubitos

1/2 tazas de pimiento naranja, cortado en cubitos

1 tazas de tomate, cortado en cubitos

1 dientes de ajo, picados

Aceite de oliva (para saltear)

1 taza de espinacas frescas, picadas

1 cucharada. cebolla en polvo

1 cucharada. polvo de ajo

1 cucharadita. Sal negro

2 cucharaditas. Sal al gusto

1 cucharada. Cúrcuma (turmeric)

(Opcional puede agregar Jalapeño cortado en cubitos para agregar especias).

## PREPARACIÓN

Se pueden hacer dos cosas a la vez: saltear las verduras y hacer la mezcla de tofu.

1) Sautee las cebollas, el ajo y los pimientos en aceite de oliva o agua hasta que estén tiernos.
2) Desmenuce el tofu en un tazón grande para mezclar. Agregue la cebolla y el ajo en polvo, la cúrcuma y la sal. Mezclar bien. Luego agregar el tomate.

Agregue la mezcla de tofu a la mezcla de cebolla / pimiento salteado y cocine hasta obtener un color amarillo brillante y la textura deseada. Agregue las espinacas al final y doble en la mezcla.

Cocer hasta que esté bien cocido.

70

# Enchilada De Papa Con Chorizo

## INGREDIENTES

- 4 chiles guajillo abiertos, limpios y sin semillas.
- 4 chiles anchos abiertos, limpios y sin semillas.
- 2 dientes de ajo picados
- 1/4 cucharadita de orégano seco mexicano
- Sal y pimienta al gusto
- 12 tortillas de maíz
- 1/2 taza de cebolla blanca finamente picada
- 1/3 de taza de aceite vegetal
- 2 tazas de papas precocidas y partidas en cubos
- 8 oz de chorizo de soya
- Lechuga
- Queso Vegano
- Aguacate

## PREPARACIÓN

La Salsa:

1. Tuesta ligeramente los chiles en un comal caliente, presionándolos con la ayuda de una espátula, pero asegurándote de no quemarlos. (Unos segundos en cada lado).
2. Una vez asados los chiles colócalos en una cacerola con agua y cocínalos a fuego lento durante 15 minutos, o hasta que estén blandos.
3. Retira la olla del fuego y deja enfriar los chiles durante 10 o 15 minutos. (Deben estar suaves y blandos).
4. Después de que los chiles se hayan enfriado, escúrrelos y colócalos en la licuadora junto con los dientes de ajo; añade ½ taza de agua limpia y licua hasta obtener una salsa suave. (Si la salsa está muy espesa o no se molieron bien los chiles, es necesario pasarla por un colador fino). Sazona con el orégano, la sal y la pimienta.

Las Enchiladas:

1. Pica las papas en cubos.
2. En un sartén, caliente aceite a temperatura media y agrega las papas. Cuando estén blandas, agrega el chorizo, y tritúralo con una cuchara para que quede bien distribuido. Cócelo hasta que las papas queden de un color rojizo y el chorizo cambie a un color un poco mas oscuro.
3. Precalienta el horno a 350 F.
4. En un sartén grande agrega las 2 cucharadas de aceite vegetal y caliéntalo a fuego medio. (Ve añadiendo el aceite poco a poco — según sea necesario — mientras fríes las tortillas, ya que si lo agregas todo a la vez las tortillas lo absorberán y se romperán).
5. Sumerge las tortillas — una a una — en la salsa hasta que ambos lados se mojen bien.
6. Después coloca la tortilla en el sartén con el aceite caliente y fríe por ambos lados. (Esto sólo tarda unos segundos). Coloca la enchilada en un plato. Agrega más aceite al sartén conforme se necesite y continúa con el proceso de freír las tortillas: primero las pasas por la salsa y después por el aceite.
7. Agrega las papas con chorizo al centro de la tortilla. Enróllala y colocas en una bandeja rectangular para horno. Agrega queso por encima de las enchiladas. Mételo dentro del horno precalentado por 5-10 minutos.
8. Disfruta con lechuga y aguacate. :)

# Salchicha Vegana

## INGREDIENTES

2 tazas de agua

4 cucharadas de  salsa de soja

2 tazas de avena rápida

2 cucharadas de aceite de oliva

2 cucharadita de miel

2 cucharadita de cebolla en polvo

1 cucharadita de salvia

1/2 cucharadita de ajo en polvo

1/2 cucharadita de condimento italiano

## PREPARACIÓN

Combine el agua y el condimento en una cacerola, deje hervir.

Agregue la avena y cocine durante 1-5 minutos, se retira del fuego.

Rocíe una bandeja para hornear galletas con aceite, use una cucharada pequeña de helado y coloque en la bandeja una pequeña cantidad de avena y use la parte posterior de una cuchara o sus manos para aplanar y dar forma a la salchicha como desee.

 Hornee a 350 grados durante 8-15 minutos en cada lado.

# Ceviche "crudo"

## INGREDIENTES

1 calabacín

1 pepino pelado

2 tomates

1/2 cebolla

1/2 taza de cilantro picado

2 limones

1 jalapeños

Sal al gusto

1/2 jicama (para crujido extra)

## PREPARACIÓN

Añadir todas las verduras en un procesador de alimentos y cortar.

Poner en un cuento y agregar el jugo de limón y mezclar.

Disfruta con chips de tortilla.

# Sopes Sin Aceite

## INGREDIENTES

2 lbs. Masa preparada

PARA EL RELLENO

2 tazas de frijoles refritos

1 paquete de MorningStar Grillers Crumbles

2 tazas de lechuga finamente picada

Salsa roja o verde al gusto

OPCIONAL

Crema vegana

Aguacate

1/3 de taza de rábanos finamente rebanados

## PREPARACIÓN

Toma un poco de la masa y haz una bolita pequeña, métela a la prensa de las tortillas. Debería de quedar plana como una gordita. (Este paso se puede hacer sin la prensa).

Calienta el comal a fuego medio.

Cuando tengas todas tus "gorditas", colócalas sobre el comal caliente. Deja que se cosan por unos segundos en cada lado.

Retíralos del comal y con tus dedos pellizca las orillas de la gordita. Esto sostendrá el relleno.

Puedes meter tus sopes al horno por 10-15 minutos a una temperatura de 360 F.

Despues, rellena el sope con frijoles y MorningStar Crumbles. Añade lechuga, y la salsa de tu preferencia.

# Batido verde (smoothie)

## INGREDIENTES

- 1 naranja pelada
- 1/2 Banana
- 1 rodaja de piña
- 1 rodaja de limón con cáscara
- 1 taza llena de espinacas
- 1 taza de hielo
- 1 cucharadita de agave

## PREPARACIÓN

Mezcla en la licuadora hasta que quede suave.

# Agua de Jamaica

## INGREDIENTES

1/2 libra de Jamaica

1 galón de agua

Azúcar o miel al gusto

## PREPARACIÓN

Se pone a hervir la jamaica en un litro de agua.
Después se cuela y se le pone el jugo al resto del agua y se endulza al gusto.

# Agua de Tamarindo

### INGREDIENTES

1 libra de tamarindo

1 galón de agua

Azúcar o miel

### PREPARACIÓN

Se pone a hervir el tamarindo en un litro de agua , se deja enfriar los tamarindos, se le quita la cáscara y los huesos, después se le pone el tamarindo al resto del agua y lo endulzas al gusto.

# Agua de Limon

### INGREDIENTES

14 limones verdes colima

1 galón de agua

Azúcar o miel al gusto

### PREPARACIÓN

Se cortan los limones por la mitad, se exprimen. (Cuidado con las semillas) El jugo del limón se lo pones al agua. Le pones el azúcar o miel al gusto.

## ABSTENERSE DE
# LOS TRES VICIOS

Raul y Anna beben alrededor de tres a cuatro tazas de café al día de promedio. Por lo general, no beben alcohol en exceso durante la semana, pero los fines de semana les gusta relajarse con un poco de vino tinto a la hora de cenar. Raul "disfruta" de vez en cuando de una cerveza y papitas cuando su equipo favorito está jugando. De lo que no se dan cuenta es que sustituyendo el café y el alcohol con otras formas de obtener energía o de relajarse, su salud podría mejorar en gran medida. Este hábito de beber cafeína y alcohol puede ser más perjudicial de lo que muchos podrían pensar. Sigue leyendo para aprender más.

El té estimula y hasta cierto punto embriaga. Parecida resulta también la acción del café y de muchas otras bebidas populares. El primer efecto es agradable. Se excitan los nervios del estómago, y esta excitación se transmite al cerebro, que, a su vez acelera la actividad del corazón, y da al organismo entero cierta energía pasajera. No se hace caso del cansancio; la fuerza parece haber aumentado. La inteligencia se despierta y la imaginación se aviva.

En consecuencia, muchos se figuran que el té o el café les hace mucho bien. Pero es un error. El té y el café no nutren el organismo. Su efecto se produce antes de la digestión y la asimilación, y lo que parece ser fuerza, no es más que excitación nerviosa. Pasada la acción del estimulante, la fuerza artificial declina y deja en su lugar un estado correspondiente de languidez y debilidad.

El consumo continuo de estos excitantes de los nervios provoca dolor de cabeza, insomnio, palpitaciones del corazón, indigestión, temblores y otros muchos males; porque esos excitantes consumen las fuerzas vitales. Los nervios cansados necesitan reposo y tranquilidad en vez de estímulo y recargo de trabajo. La naturaleza necesita tiempo para recuperar las agotadas energías. Cuando sus fuerzas son aguijoneadas por el uso de estimulantes uno puede realizar mayor tarea; pero cuando el organismo queda debilitado por aquel uso constante se hace más difícil despertar las energías hasta el punto deseado. Es cada vez más difícil dominar la demanda de estimulantes hasta que la voluntad queda vencida y parece que no hay poder para negarse a satisfacer un deseo tan ardiente y antinatural, que pide estimulantes cada vez más fuertes, hasta que la naturaleza, exhausta, no puede responder a su acción.

# LA CAFEÍNA

## EFECTOS SOBRE LA SALUD DE LA CAFEÍNA

Uno de los hábitos saludables de los adventistas del séptimo día longevos es que se mantienen alejados de la cafeína. La cafeína es una droga que se encuentra en ciertas plantas que también el hombre puede fabricar y añadir a los alimentos. Se absorbe y pasa rápidamente al cerebro y estimula, o excita, el cerebro y el sistema nervioso. También es un diurético, una sustancia que ayuda a liberar su cuerpo de líquidos, lo que puede conducir a la deshidratación.[1] Muchas personas les gusta beber bebidas con cafeína como un alivio a corto plazo para el cansancio o la somnolencia, pero esto no resuelve el problema de la fatiga. De hecho, puede empeorarlo o producir otros problemas de salud,[2] tales como:

- ANSIEDAD
- DEPRESIÓN
- PROBLEMAS DE SUEÑO E INSOMNIO
- NÁUSEAS
- INQUIETUD
- TEMBLORES
- ORINAR CON MÁS FRECUENCIA
- VÓMITOS
- RITMO CARDÍACO MÁS RÁPIDO
- OSTEOPOROSIS
- MUERTE PREMATURA

- HIPERTENSIÓN[3,4]
- ATAQUES DE GOTA
- INDIGESTIÓN
- DOLORES DE CABEZA[5]
- PROBLEMAS DE FERTILIDAD EN LAS MUJERES[6]
- COMPLICACIONES DE LA DIABETES[7]
- PEORES SÍNTOMAS DURANTE LA MENOPAUSIA[8]
- TENDENCIA A AUMENTAR LA CANTIDAD DE BEBIDAS AZUCARADAS CONSUMIDAS, LLEVANDO A LA OBESIDAD Y OTRAS COMPLICACIONES DE LA SALUD[9]

# EL TABACO

El tabaco es un veneno lento, insidioso, pero de los más nocivos. En cualquier forma en que se haga uso de él, mina la constitución; es tanto más peligroso cuanto sus efectos son lentos y apenas perceptibles al principio. Excita y después paraliza los nervios. Debilita y anubla el cerebro. A menudo afecta los nervios más poderosamente que las bebidas alcohólicas. Es un veneno más sutil, y es difícil eliminar sus efectos del organismo. Su uso despierta sed de bebidas fuertes, y en muchos casos echa los cimientos del hábito de beber alcohol.

El uso del tabaco es perjudicial, costoso y sucio; contamina al que lo usa y molesta a los demás. Sus adictos se encuentran en todas partes. Es difícil pasar por entre una muchedumbre sin que algún fumador le eche a uno a la cara su aliento envenenado. Aunque haya quienes persistan en usar estos venenos ellos mismos, ¿qué derecho tienen para viciar el aire que otros deben respirar?

Entre los niños y jóvenes el uso del tabaco hace un daño incalculable. Las prácticas malsanas de las generaciones pasadas afectan a los niños y jóvenes de hoy. La incapacidad mental, la debilidad física, las perturbaciones nerviosas y los deseos antinaturales se transmiten como un legado de padres a hijos. Y las mismas prácticas, seguidas por los hijos, aumentan y perpetúan los malos resultados. A esta causa se debe en gran parte la deterioración física, mental y moral que produce tanta alarma.

---

El humo de segunda mano es la combinación del humo de la colilla de un cigarrillo y el humo exhalado por los fumadores. El humo del tabaco contiene más de 7.000 sustancias químicas. Cientos son tóxicas y alrededor de setenta pueden provocar cáncer. Desde el Informe del Cirujano General de 1964, 2.5 millones de adultos que no eran fumadores murieron porque respiraban humo de segunda mano y por tanto eran fumadores pasivos.[10]

## 2.5 MILLONES MURIERON

---

El humo de segunda mano puede causar graves problemas de salud en los niños, tales como: [11]

- BRONQUITIS
- NEUMONÍA
- PULMONES MÁS PEQUEÑOS
- ENFERMARSE MÁS A MENUDO
- RESUELLOS
- TOS
- ATAQUES DE ASMA MÁS FRECUENTES Y GRAVES
- INFECCIONES RESPIRATORIAS
- INFECCIÓN DE OÍDO
- Y OTROS NUMEROSOS PROBLEMAS DE SALUD

---

## ALGUNAS ESTADÍSTICAS ASOMBROSAS DEL HUMO DE SEGUNDA MANO: [12]

- Los no fumadores que están expuestos al humo de segunda mano en el hogar o en el trabajo aumentan su riesgo de desarrollar enfermedades del corazón en un **25-30%**

- El humo de segunda mano aumenta el riesgo de sufrir un accidente cerebrovascular en un **20-30%**

- Los no fumadores que están expuestos al humo de segunda mano en el hogar o en el trabajo aumentan su riesgo de desarrollar cáncer de pulmón en un **20-30%**.

- Muertes infantiles anualmente **1,000**

Ningún ser humano necesita tabaco; en cambio hay muchedumbres que mueren por falta de los recursos que gastados en tabaco resultan más que derrochados. ¿No habéis malgastado los bienes del Señor? ¿No os habéis hecho reos de hurto para con Dios y para con vuestros semejantes? ¿No sabéis que "no sois vuestros? Porque comprados sois por precio: glorificad pues a Dios en vuestro cuerpo y en vuestro espíritu, los cuales son de Dios." 1 Corintios 6:19, 20.

## EL TABAQUISMO ES LA PRINCIPAL CAUSA DE MUERTE PREVENIBLE EN LOS ESTADOS UNIDOS. [13]

- Aproximadamente una de cada cinco muertes ocurre como resultado de fumar cigarrillos.

- El número de ciudadanos americanos que ha muerto de forma prematura por el consumo de cigarrillos es **10 VECES** mayor que los que han muerto en todas las guerras libradas por los Estados Unidos a lo largo de su historia.

- El fumar causa aproximadamente el **90%** de todas las muertes por cáncer de pulmón en hombres y mujeres. Más mujeres mueren de cáncer de pulmón cada año que de cáncer de mama.

- Fumar causa alrededor del **80%** de las muertes por enfermedad pulmonar obstructiva crónica (EPOC).

## EL HÁBITO DE FUMAR AUMENTA EL RIESGO DE MUERTE POR TODAS LAS CAUSAS EN LOS HOMBRES Y LAS MUJERES.

## FUMAR CAUSA CÁNCER EN CASI CUALQUIER PARTE DEL CUERPO [15]

- Vejiga
- La sangre (leucemia mieloide aguda)
- Cuello uterino
- Colon y recto (colorrectal)
- Esófago
- Riñón y uréter
- Laringe
- Hígado
- Orofaringe (incluye partes de la garganta, lengua, paladar blando y amígdalas)
- Páncreas
- Estómago
- Tráquea, bronquios y pulmón

## SE ESTIMA QUE FUMAR AUMENTA EL RIESGO: [14]

- De la enfermedad coronaria en de 2 a 4 veces
- De un accidente cerebrovascular en de 2 a 4 veces
- De tener diabetes en un 30-40%
- De las mujeres de desarrollar cáncer de pulmón 25,7 veces
- De los hombres de desarrollar cáncer de pulmón 25 veces

## FUMAR PROVOCA UNA DISMINUCIÓN DE LA SALUD EN GENERAL, Y PROVOCA LA MALA PERCEPCIÓN DE LA SALUD, EL INCREMENTO DEL ABSENTISMO LABORAL, Y EL AUMENTO DE LA UTILIZACIÓN DE LA ATENCIÓN SANITARIA ASÍ COMO EL COSTO DE LA MISMA.

## FUMAR SE RELACIONA CON OTROS RIESGOS PARA LA SALUD: [16]

- Problemas de fertilidad y mayor riesgo de defectos de nacimiento y abortos espontáneos
- Nacimiento de un niño muerto
- Bajo peso al nacer
- Complicaciones en el embarazo
- Mayor riesgo de desarrollar artritis reumatoide
- Huesos más débiles
- Dientes más débiles, también afecta la salud de las encías
- Aumento del riesgo de tener cataratas
- Inflamación
- Función inmune más pobre
- Complicaciones de la diabetes

# EL ALCOHOL

"Beber vino o bebidas embriagantes
te lleva a blasfemar y a causar alborotos.
No es de sabios errar por su culpa."
"¿Quién se queja? ¿Quién se duele?
¿Quién se ve envuelto en pleitos?
¿Quién sufre? ¿Quién es herido sin razón?
¿Quién anda con los ojos morados?
¡El que se pasa el tiempo tomando vino!
¡El que anda en busca de bebidas mezcladas!
No dejes que te atraiga lo rojo del vino;
¡que no te deslumbre su brillo en la copa!
Suavemente se desliza por la garganta,
pero al final muerde como serpiente;
¡causa más dolor que una víbora!".

Proverbios 20:1; 23:29-32.

Ninguna mano humana pintó jamás un cuadro más vivo del envilecimiento y la esclavitud de la víctima de las bebidas embriagantes. Sujetada, degradada, no puede librarse del lazo, ni siquiera cuando llega a darse cuenta de su estado, y dice: "Aún lo tornaré a buscar." Versículo 35.

¿Y quién puede describir la miseria, la agonía, la desesperación que esconde el hogar del bebedor? Pensad en la esposa, mujer muchas veces de refinada educación, de sentimientos delicados, a quien la suerte ha unido a un ser humano que fué luego embrutecido por la bebida o transformado en un demonio. Pensad en los hijos que viven privados de las comodidades del hogar y de la educación, aterrorizados por el que debería ser su orgullo y su amparo, arrojados al mundo llevando impreso el estigma de la vergüenza, y víctimas muchas veces de la maldita sed hereditaria del borracho.

Para obtener mejor entendimiento de lo devastador que es el alcohol en nuestro país, aquí hay algunas cifras de los Centros para el Control y la Prevención de Enfermedades (CDC por sus siglas en inglés): [17,18]

88.000 muertes se atribuyen cada año a un uso excesivo de alcohol.

Anualmente el uso excesivo de alcohol es responsable de 2.5 millones de años potenciales de vida perdidos (APVP), o un promedio de unos 30 años de vida potencial perdidos por cada muerte.

El consumo excesivo de alcohol en el 2010 costó alrededor de $249 mil millones a la economía de EE.UU.

El alcoholismo es la tercera causa (principal) de muerte relacionada con el estilo de vida en la nación.

Pensad en las espantosas desgracias que suceden cada día a consecuencia de la bebida...... ¿Hasta qué punto puede uno entregarse al hábito de beber y llevar la responsabilidad de vidas humanas? Estas pueden confiarse tan sólo a quien es verdaderamente abstemio.

En ninguna parte sanciona la Biblia el uso del vino fermentado. El vino que Cristo hizo con agua en las bodas de Caná era zumo puro de uva. Este es el "mosto" que se halla en el "racimo," del cual dice la

Escritura: "No lo desperdicies, que bendición hay en él." Isaías 65:8.

Fue Cristo quien advirtió a Israel en el Antiguo Testamento: "El vino es escarnecedor, la cerveza alborotadora; y cualquiera que por ello errare, no será sabio." Proverbios 20:1. Cristo no suministró semejante bebida. Satanás induce a los hombres a dejarse llevar por hábitos que anublan la razón y entorpecen las percepciones espirituales, pero Cristo nos enseña a dominar la naturaleza inferior. Nunca ofrece él a los hombres lo que podría ser una tentación para ellos. Su vida entera fue un ejemplo de abnegación. Para quebrantar el poder de los apetitos ayunó cuarenta días en el desierto, y en beneficio nuestro soportó la prueba más dura que la humanidad pudiera sufrir. Fue Cristo quien dispuso que Juan el Bautista no bebiese vino ni bebidas fuertes. Fue él quien impuso la misma abstinencia a la esposa de Manoa. Cristo no contradijo su propia enseñanza. El vino sin fermentar que suministró a los convidados de la boda era una bebida sana y refrigerante. Fué el vino del que nuestro Salvador hizo uso con sus discípulos en la primera comunión. Es también el vino que debería figurar siempre en la santa cena como símbolo de la sangre del Salvador. El servicio sacramental está destinado a refrigerar y vivificar el alma. Nada de lo que sirve al mal debe relacionarse con dicho servicio.

A la luz de lo que enseñan las Escrituras, la naturaleza y la razón respecto al uso de bebidas embriagantes, ¿cómo pueden los cristianos dedicarse al cultivo del lúpulo para la fabricación de cerveza, o a la elaboración de vino o sidra? Si aman a su prójimo como a sí mismos, ¿cómo pueden contribuir a ofrecerle lo que ha de ser para él un lazo peligroso?

Muchas veces la intemperancia empieza en el hogar. Debido al uso de alimentos muy sazonados y malsanos, los órganos de la digestión se debilitan, y se despierta un deseo de consumir alimento aún más estimulante. Así se incita al apetito a exigir de continuo algo más fuerte. El ansia de estimulantes se vuelve cada vez más frecuente y difícil de resistir. El organismo va llenándose de venenos y cuanto más se debilita, mayor es el deseo que siente de estas cosas. Un paso dado en mala dirección prepara el camino a otro paso peor. Muchos que no quisieran hacerse culpables de poner sobre la mesa vino o bebidas embriagantes no reparan en recargarla con alimentos que despiertan tal sed de bebidas fuertes, que se hace casi imposible resistir a la tentación. Los malos hábitos en el comer y beber quebrantan la salud y preparan el camino para la costumbre de emborracharse.

Es obra de las madres ayudar a sus hijos a adquirir hábitos correctos y gustos puros. Eduquen el apeti-to; enseñen a sus hijos a aborrecer los estimulantes. Críen a los hijos de modo que tengan vigor moral para resistir al mal que los rodea. Enséñenles a no dejarse desviar por nadie, a no ceder a ninguna influencia por fuerte que sea, sino a ejercer ellos mismos influencia sobre los demás para el bien.

Debe recordarse de continuo a la gente que el equilibrio de sus facultades mentales y morales depende en gran parte de las buenas condiciones de su organismo físico. Todos los narcóticos y estimulantes artificiales que debilitan y degradan la naturaleza física tienden también a deprimir la inteligencia y la moralidad. La intemperancia es la raíz de la depravación moral del mundo. Al satisfacer sus apetitos pervertidos, el hombre pierde la facultad de resistir a la tentación.

En cuanto al té, al café, al tabaco y a las bebidas alcohólicas, la única conducta exenta de peligro consiste en no tocarlos, ni probarlos, ni tener nada que ver con ellos. El efecto del té, del café y de las bebidas semejantes es comparable al del alcohol y del tabaco, y en algunos casos el hábito de consumirlos es tan difícil de vencer como lo es para el borracho renunciar a las bebidas alcohólicas. Los que intenten romper con estos estimulantes los echarán de menos por algún tiempo, y sufrirán por falta de ellos; pero si perseveran, llegarán a vencer su ardiente deseo, y dejarán de echarlos de menos. La naturaleza necesita algún tiempo para reponerse del abuso a que se la ha sometido; pero désele una oportunidad, y volverá a rehacerse y a desempeñar su tarea noblemente y con toda perfección. ~ *El Ministerio de Curación*, página 250-258.

84

# EL ALCOHOL

"El abuso del alcohol y el alcoholismo puede afectar todos los aspectos de su vida. El consumo de alcohol a largo plazo puede causar serias complicaciones en la salud que afectan a casi todos los órganos del cuerpo, incluyendo el cerebro. También puede dañar su estabilidad emocional, sus finanzas, su carrera, e impactar su familia, amigos y la gente con la que trabaja." [19] - Consejo Nacional sobre el Alcoholismo y la Fármaco-Dependencia.

## ENFERMEDADES, TRASTORNOS Y RIESGOS ASOCIADOS CON EL ALCOHOL: [20, 21, 22]

- Alta presión sanguínea
- Enfermedades del corazón
- Derrame cerebral
- Enfermedades del hígado
- Enfermedades del páncreas
- Enfermedades infecciosas
- Problemas digestivos
- Cáncer de
  - Mama
  - Boca
  - Garganta
  - Esófago
  - Hígado
  - Colon
- Defectos de nacimiento y numerosos problemas para el feto cuando la madre embarazada consume alcohol

- Epilepsia
- Problemas de aprendizaje y memoria
- Bajo rendimiento escolar
- Demencia
- Trastornos de la Salud Mental
  - Depresión
  - Ansiedad
- Problemas sociales
  - Pérdida de productividad
  - Problemas familiares
  - Desempleo
  - Violencia
- Lesiones

1. NO CONSUMIR CAFEÍNA.
2. NO FUMAR Y EVITAR EL HUMO DE SEGUNDA MANO.
3. NO BEBER ALCOHOL.

Tenga cuidado. No permita que le engañen con diferentes ideas y conceptos erróneos que parecen insinuar que las toxinas tales como la cafeína, el tabaco y el alcohol podrían ser beneficiosas para su salud.

La cafeína es una toxina. El tabaco es una toxina. El alcohol es una toxina. Si usted es incapaz de dejar o reducir el consumo de cafeína, tabaco o alcohol, consiga un poco de ayuda profesional.

# EL DOCTOR DICE

# HÁBITO #11

# LAS RELACIONES INTERPERSONALES

CUANDO EL MAL QUEDÓ SUBSANADO, PODEMOS CON FE TRANQUILA PRESENTAR A DIOS LAS NECESIDADES DEL ENFERMO, SEGÚN LO INDIQUE EL ESPÍRITU SANTO. DIOS CONOCE A CADA CUAL POR NOMBRE Y CUIDA DE ÉL COMO SI NO HUBIERA NADIE MÁS EN EL MUNDO POR QUIEN ENTREGARA A SU HIJO AMADO. ~ *EL MINISTERIO DE CURACIÓN*, PÁGINA 174.

Anna sufre de depresión leve. Por lo general no duerme bien y rara vez se siente renovada por la mañana. Ella ha tratado de cambiar de colchón a uno más cómodo, pero sus problemas de sueño sólo han hecho que empeorar a lo largo de los últimos años. Ella se encuentra baja de energías constantemente y le cuesta mantenerse activa. Y curiosamente, le dan antojos de comer muchos alimentos chatarra y comida basura, especialmente cuando está en su estado más bajo y depresivo.

Ella ha experimentado estos síntomas de forma intermitente durante las últimas dos décadas, especialmente después de situaciones tensas con sus compañeros de trabajo. Pero fue hace unos cinco años que estos síntomas comenzaron a intensificarse drásticamente. Hace unos cinco años y medio tuvo una pelea amarga con su hijo mayor y su única hija. Desde entonces, su relación ha sido fría y distante. Con el paso de los años la brecha entre ellas ha aumentado y los síntomas depresivos de Anna y su salud han empeorado.

Puede que ya lo haya adivinado. Lo que Anna debe hacer es resolver el problema que tiene con su familia. Ella debe hacer lo correcto con su hija y tratar de desarrollar una relación positiva con ella.

Toda asociación en la vida requiere el ejercicio del dominio propio, la tolerancia y la simpatía. Diferimos tanto en disposición, hábitos y educación, que nuestra manera de ver las cosas varía mucho. Juzgamos de modos distintos. Nuestra comprensión de la verdad, nuestras ideas acerca del comportamiento en la vida, no son idénticas en todo respecto. No hay dos personas cuyas experiencias sean iguales en todo detalle. Las pruebas de uno no son las de otro. Los deberes que a uno le parecen fáciles, son para otro en extremo difíciles y le dejan perplejo.

Tan frágil, tan ignorante, tan propensa a equivocarse es la naturaleza humana, que cada cual debe ser prudente al valorar a su prójimo. Poco sabemos de la influencia de nuestros actos en la experiencia de los demás. Lo que hacemos o decimos puede parecernos de poca monta, cuando, si pudiéramos abrir los ojos, veríamos que de ello dependen importantísimos resultados para el bien o el mal.

No nos conviene dejarnos llevar del enojo con motivo de algún agravio real o supuesto que se nos haya hecho. El enemigo a quien más hemos de temer es el yo. Ninguna forma de vicio es tan funesta para el carácter

# LOS EFECTOS DEL ESTRÉS EN EL MATRIMONIO

Aquí hay algunos estudios que muestran lo íntimamente relacionada que está nuestra salud con nuestras relaciones interpersonales:

Las mujeres que informaron experimentar una tensión matrimonial entre moderada y severa eran 2.9 veces más propensas a necesitar una cirugía de corazón, sufrir ataques al corazón, o morir de enfermedades del corazón, que las mujeres sin estrés matrimonial.[1]

## 2.9X MÁS PROPENSAS

Los estudios han demostrado que los efectos negativos del estrés matrimonial para las mujeres son tan perjudiciales para la salud como el tabaquismo y la inactividad física.[2]

## TAN MALO COMO FUMAR

### LA TENSIÓN DEL MATRIMONIO

Quienes tenían más problemas maritales reportaron un mayor estrés durante todo el día, tenían la presión arterial más alta en el punto medio de su jornada laboral y los niveles matutinos de cortisol más altos. Con el tiempo, estos factores pueden combinarse para aumentar el riesgo de obesidad, diabetes, depresión, ataques al corazón y derrames cerebrales.[3] El conflicto matrimonial también se ha relacionado con la debilitación del sistema inmunológico.[4]

### LAS RELACIONES QUEBRANTADA

Las mujeres que experimentaron más conflictos y desacuerdos en sus relaciones también tenían un mayor riesgo de hipertensión arterial, obesidad abdominal, altos niveles de azúcar en la sangre, niveles altos de triglicéridos y bajos niveles de HDL —colesterol " bueno." [5] En el estudio también se descubrió que las mujeres fueron más afectadas que los hombres.

---

como la pasión humana no refrenada por el Espíritu Santo. Ninguna victoria que podamos ganar es tan preciosa como la victoria sobre nosotros mismos.

No debemos permitir que nuestros sentimientos sean quisquillosos. Hemos de vivir, no para proteger nuestros sentimientos o nuestra reputación, sino para salvar almas. Conforme nos interesemos en la salvación de las almas, dejaremos de notar las differences que suelen surgir en nuestro trato con los demás. Piensen o hagan ellos lo que quieran con respecto a nosotros, nada debe turbar nuestra unión con Cristo, nuestra comunión con el Espíritu Santo. "¿Qué gloria es, si pecando vosotros sois abofeteados, y lo sufrís? mas si haciendo bien sois afligidos, y lo sufrís, esto ciertamente es agradable delante de Dios." 1 Pedro 2:20.

No os desquitéis. En cuanto os sea posible, quitad toda causa de falsa aprensión. Evitad la apariencia del mal. Haced cuanto podáis, sin sacrificar los principios cristianos, para conciliaros con los demás. "Si trajeres tu presente al altar, y allí te acordares de que tu hermano tiene algo contra ti, deja allí tu presente delante del altar, y vete, vuelve primero en amistad con tu hermano, y entonces ven y ofrece tu presente." Mateo 5:23, 24.

Si os dicen palabras violentas, no repliquéis jamás con el mismo espíritu. Recordad que "la blanda respuesta quita la ira." Proverbios 15:1. Y hay un poder maravilloso en el silencio. A veces las palabras que se le dicen al que está enfadado no sirven sino para exasperarlo. Pero pronto se desvanece el enojo contestado con el silencio, con espíritu cariñoso y paciente.

Bajo la granizada de palabras punzantes de acre censura, mantened vuestro espíritu firme en la Palabra de Dios. Atesoren vuestro espíritu y vuestro corazón las promesas de Dios. Si se os trata mal o si se os censura sin motivo, en vez de replicar con enojo, repetíos las preciosas promesas:

*"No seas vencido de lo malo; mas vence con el bien el mal."* **Romanos 12:21.**

*"Encomienda a Jehová tu camino, y espera en él; y él hará. Y exhibirá tu justicia como la luz, y tus derechos como el mediodía."* **Salmos 37:5, 6.**

*"Nada hay encubierto, que no haya de ser descubierto; ni oculto, que no haya de ser sabido."* **Lucas 12:2.**

*"Hombres hiciste subir sobre nuestra cabeza; entramos en fuego y en aguas, y sacástenos a hartura."* **Salmos 66:12.**

Mientras permanezcamos en el mundo, tendremos que arrostrar influencias adversas. Habrá provocaciones que probarán nuestro temple, y si las arrostramos con buen espíritu desarrollaremos las virtudes cristianas. Si Cristo vive en nosotros, seremos sufridos, bondadosos y prudentes, alegres en medio de los enojos e irritaciones. Día tras día y año tras año iremos venciéndonos, hasta llegar al noble heroísmo. Esta es la tarea que se nos ha señalado; pero no se puede llevar a cabo sin la ayuda de Jesús, sin ánimo resuelto, sin propósito firme, sin continua vigilancia y oración. Cada cual tiene su propia lucha. Ni siquiera Dios puede ennoblecer nuestro carácter ni hacer útiles nuestras vidas a menos que lleguemos a ser sus colaboradores. Los que huyen del combate pierden la fuerza y el gozo de la victoria.

No necesitamos llevar cuenta de las pruebas, dificultades, pesares y tristezas, porque están consignados en los libros, y no los olvidará el Cielo. Mientras remem-

oramos las cosas desagradables, se escapan de la memoria muchas que son agradables, tales como la bondad misericordiosa con que Dios nos rodea a cada momento, y el amor que admira a los ángeles, el que le impulsó a dar a su Hijo para que muriese por nosotros. Si al trabajar para Cristo creéis haber experimentado mayores pruebas y cuidados que las que afligieron a otros, recordad que gozaréis de una paz desconocida de quienes rehuyeron esas cargas. Hay consuelo y gozo en el servicio de Cristo. Demostrad al mundo que la vida de Cristo no es fracaso.

Si no os sentís de buen ánimo y alegres, no habléis de ello. No arrojéis sombra sobre la vida de los demás. Una religión fría y desolada no atrae nunca almas a Cristo. Las aparta de él para empujarlas a las redes que Satanás tendió ante los pies de los descarriados. En vez de pensar en vuestros desalientos, pensad en el poder a que podéis aspirar en el nombre de Cristo. Aférrese vuestra imaginación a las cosas invisibles. Dirigid vuestros pensamientos hacia las manifestaciones evidentes del gran amor de Dios por vosotros. La fe puede sobrellevar la prueba, resistir a la tentación y mantenerse firme ante los desengaños. Jesús vive y es nuestro abogado. Todo lo que su mediación nos asegura es nuestro.

"Amándoos los unos a los otros con caridad fraternal; previniéndolos con honra los unos a los otros." "No volviendo mal por mal, ni maldición por maldición, sino antes por el contrario, bendiciendo; sabiendo que vosotros sois llamados para que poseáis bendición en herencia." Romanos 12:10; 1 Pedro 3:9.

El Señor Jesús nos pide que reconozcamos los derechos de cada ser humano. Hemos de considerar los derechos sociales de los hombres y sus derechos como cristianos. A todos debemos tratar con cortesía y delicadeza, como hijos e hijas de Dios.

El cristianismo hará de todo hombre un cumplido caballero. Cristo fue cortés aun con sus perseguidores; y sus discípulos verdaderos manifestarán el mismo espíritu. Mirad a Pablo cuando compareció ante los magistrados. Su discurso ante Agripa es dechado de verdadera cortesía y de persuasiva elocuencia. El Evangelio no fomenta la cortesía formalista, tan corriente en el mundo, sino la cortesía que brota de la verdadera bondad del corazón.

El cultivo más esmerado del decoro externo no basta para acabar con el enojo, el juicio implacable y la palabra inconveniente. El verdadero refinamiento no traslucirá mientras se siga considerando al yo como objeto supremo. El amor debe residir en el corazón. Un cristiano cabal funda sus motivos de acción en el amor profundo que tiene por el Maestro. De las raíces de su amor a Cristo brota un interés abnegado por sus hermanos. El amor comunica al que lo posee gracia, decoro y gentileza en el modo de portarse. Ilumina el rostro y modula la voz; refina y eleva al ser entero.

La salud se ve afectada no sólo por los problemas de pareja, sino por los de otras relaciones sociales también. De acuerdo con un estudio publicado por los Institutos Nacionales de Salud, la cantidad y la calidad de las relaciones sociales afectan a la salud mental, el comportamiento de la salud, la salud física y el riesgo de mortalidad.[6]

El riesgo de muerte entre los hombres y las mujeres con menor cantidad de lazos interpersonales era más de dos veces mayor que el riesgo para los adultos con más cantidad de lazos interpersonales.[7]

## >2X EL RIESGO

Los adultos con enfermedades del corazón que también estaban aislados socialmente tenían un riesgo de muerte por afecciones cardíacas unas 2.4 veces mayor que el de sus pares mejor conectados socialmente.[8]

## 2.4X EL RIESGO

**CONDICIONES VINCULADAS CON UNA BAJA CANTIDAD O CALIDAD DE RELACIONES INTERPERSONALES:** [9]

- Enfermedades cardíacas
- La aterosclerosis
- Alta presión sanguínea
- El cáncer y una recuperación más lenta del cáncer
- Cicatrización más lenta de las heridas
- Alteración de la función inmune

¡La soledad y el aislamiento pueden aumentar la probabilidad de padecer enfermedades y muerte prematura por todas las causas desde un 200% hasta un 500% o más![10]

## 200-500%

La vida no consiste principalmente en grandes sacrificios ni en maravillosas hazañas, sino en cosas menudas, que parecen insignificantes y sin embargo suelen ser causa de mucho bien o mucho mal en nuestras vidas. Por nuestro fracaso en soportar las pruebas que nos sobrevengan en las cosas menudas, es como se contraen hábitos que deforman el carácter, y cuando sobrevienen las grandes pruebas nos encuentran desapercibidos. Sólo obrando de acuerdo con los buenos principios en las pruebas de la vida diaria, podremos adquirir poder para permanecer firmes y fieles en situaciones más peligrosas y difíciles.

Nunca estamos solos. Sea que le escojamos o no, tenemos siempre a Uno por compañero. Recordemos que doquiera estemos, hagamos lo que hagamos, Dios está siempre presente. Nada de lo que se diga, se haga o se piense puede escapar a su atención. Para cada palabra o acción tenemos un testigo, el Santo Dios, que aborrece el pecado. Recordémoslo siempre antes de hablar o de re-alizar un acto cualquiera. Como cristianos, somos miembros de la familia real, hijos del Rey celestial. No digáis una palabra ni hagáis cosa alguna que afrente "el buen nombre que fue invocado sobre vosotros." Santiago 2:7.

Estudiad atentamente el carácter divino-humano, y preguntaos siempre: "¿Qué haría Jesús si estuviera en mi lugar?" Tal debiera ser la norma de vuestro deber. No frecuentéis innecesariamente la sociedad de quienes debilitarían por sus artificios vuestro propósito de hacer el bien, o mancharían vuestra conciencia. No hagáis entre extraños, en la calle o en casa, lo que tenga la menor apariencia de mal. Haced algo cada día para mejorar, embellecer y ennoblecer la vida que Cristo compró con su sangre.

Obrad siempre movidos por buenos principios, y nunca por impulso. Moderad la impetuosidad natural de vuestro ser con mansedumbre y dulzura. No deis lugar a la liviandad ni a la frivolidad. No broten chistes vulgares de vuestros labios. Ni siquiera deis rienda suelta a vuestros pensamientos. Deben ser contenidos y sometidos a la obediencia de Cristo. Consagradlos siempre a cosas santas. De este modo, mediante la gracia de Cristo, serán puros y sinceros.

Debemos sentir siempre el poder ennoblecedor de los pensamientos puros. La única seguridad para el alma consiste en pensar bien, pues acerca del hombre se nos dice: "Cual es su pensamiento en su alma, tal es él." Proverbios 23:7. El poder del dominio propio se acrecienta con el ejercicio. Lo que al principio parece difícil, se vuelve fácil con la práctica, hasta que los buenos pensamientos y acciones llegan a ser habituales. Si queremos, podemos apartarnos de todo lo vulgar y degradante y elevarnos hasta un alto nivel, donde gozaremos del respeto de los hombres y del amor de Dios.

Practicad el hábito de hablar bien de los demás. Pensad en las buenas cualidades de aquellos a quienes tratáis, y fijaos lo menos posible en sus faltas y errores. Cuando sintáis la tentación de lamentar lo que alguien haya dicho o hecho, alabad algo de su vida y carácter. Cultivad el agradecimiento. Alabad a Dios por su amor admirable de haber dado a Cristo para que muriera por nosotros. Nada sacamos con pensar en nuestros agravios. Dios nos invita a meditar en su misericordia y amor incomparables, para que seamos movidos a alabarle.

Los que trabajan fervorosamente no tienen tiempo para fijarse en las faltas ajenas. No podemos vivir de las cáscaras de las faltas o errores de los demás. Hablar mal es una maldición doble, que recae más pesadamente sobre el que habla que sobre el que oye. El que esparce las semillas de la disensión y la discordia cosecha en su propia alma los frutos mortíferos. El mero hecho de buscar algo malo en otros desarrolla el mal en los que lo buscan. Al espa-

ciarnos en los defectos de los demás nos transformamos a la imagen de ellos. Por el contrario, mirando a Jesús, hablando de su amor y de la perfección de su carácter, nos transformamos a su imagen. Mediante la contemplación del elevado ideal que él puso ante nosotros, nos elevaremos a una atmósfera pura y santa, hasta la presencia de Dios. Cuando permanecemos en ella brota de nosotros una luz que irradia sobre cuantos se relacionan con nosotros.

En vez de criticar y condenar a los demás, decid: "Tengo que consumar mi propia salvación. Si coopero con el que quiere salvar mi alma, debo vigilarme a mí mismo con diligencia. Debo eliminar de mi vida todo mal. Debo vencer todo defecto. Debo ser una nueva criatura en Cristo. Entonces, en vez de debilitar a los que luchan contra el mal, podré fortalecerlos con palabras de aliento." Somos por demás indiferentes unos con otros. Demasiadas veces olvidamos que nuestros compañeros de trabajo necesitan fuerza y estímulo. No dejemos de reiterarles el interés y la simpatía que por ellos sentimos. Ayudémosles con nuestras oraciones y dejémosles saber que así obramos.

Recordad que no podéis leer en los corazones. No conocéis los motivos que inspiran los actos que os parecen malos. Son muchos los que no recibieron buena educación; sus caracteres están deformados; son toscos y duros y parecen del todo tortuosos. Pero la gracia de Cristo puede transformarlos. No los desechéis ni los arrastréis al desaliento ni a la desesperación, diciéndoles: "Me habéis engañado y ya no procuraré ayudaros." Unas cuantas palabras, dichas con la viveza inspirada por la provocación, y que consideramos merecidas, pueden romper los lazos de influencia que debieran unir su corazón con el nuestro.

La vida consecuente, la sufrida prudencia, el ánimo impasible bajo la provocación, son siempre los argu-

# EL DOCTOR DICE

Se ha dicho que "No hay ningún otro factor —ni la dieta, ni fumar, ni hacer ejercicio, ni el estrés, ni la genética, ni las drogas, ni la cirugía que tenga mayor impacto sobre la calidad de vida que las relaciones interpersonales." - Dr. Dean Ornish[11]

mentos más decisivos y los más solemnes llamamientos. Si habéis tenido oportunidades y ventajas que otros no tuvieron, tenedlo bien en cuenta, y sed siempre maestros sabios, esmerados y benévolos.

Para que el sello deje en la cera una impresión clara y destacada, no lo aplicáis precipitadamente y con violencia, sino que con mucho cuidado lo ponéis sobre la cera blanda, y pausadamente y con firmeza lo oprimís hasta que la cera se endurece. Así también tratad con las almas humanas. El secreto del éxito que tiene la influencia cristiana consiste en que ella es ejercida de continuo, y ello depende de la firmeza con que manifestéis el carácter de Cristo. Ayudad a los que han errado, hablándoles de lo que habéis experimentado. Mostradles cómo, cuando cometisteis vosotros también faltas graves, la paciencia, la bondad y la ayuda de vuestros compañeros de trabajo os infundieron aliento y esperanza.

Hasta el día del juicio no conoceréis la influencia de un trato bondadoso y respetuoso para con el débil, el irrazonable y el indigno. Cuando tropezamos con la ingratitud y la traición de los cometidos sagrados, nos sentimos impulsados a manifestar desprecio e indignación. Esto es lo que espera el culpable, y se prepara para ello. Pero la prudencia bondadosa le sorprende, y suele despertar sus mejores impulsos y el deseo de llevar una vida más noble.

"Hermanos, si alguno fuere tomado en alguna falta, vosotros que sois espirituales, restaurad al tal con el espíritu de mansedumbre; considerándote a ti mismo, porque tú no seas también tentado. Sobrellevad los unos las cargas de los otros; y cumplid así la ley de Cristo." Gálatas 6:1, 2.

Todos los que profesan ser hijos de Dios deben recordar que, como misioneros, tendrán que tratar con toda clase de personas: refinadas y toscas, humildes y soberbias, religiosas y escépticas, educadas e ignorantes, ricas y pobres. No es posible tratar a todas estas mentalidades del mismo modo; y no obstante, todas necesitan bondad y simpatía. Mediante el trato mutuo, nuestro intelecto debe recibir pulimento y refinamiento. Dependemos unos de otros, unidos como estamos por los vínculos de la fraternidad humana.

La influencia social, santificada por el Espíritu de Cristo, debe servir para llevar almas al Salvador. Cristo no debe permanecer oculto en el corazón como tesoro codiciado, sagrado y dulce, para que de él sólo goce su dueño. Cristo debe ser en nosotros una fuente de agua que brote para vida eterna y refrigere a todos los que se relacionen con nosotros. ~*El Ministerio de Curación*, página 384-396.

## 1. PROCURE ENTENDER EN LUGAR DE SER ENTENDIDA

Lamentablemente, algunas relaciones tensas se deben únicamente a malentendidos. Piense en una relación tensa actual o del pasado. ¿Ha considerado lo que la otra persona puede haber sentido o pensado? ¿La otra persona entendió lo que estaba tratando de comunicarle? ¿Alguna vez ha considerado que posiblemente haya entendido mal lo que la otra persona estaba tratando de comunicar? En la mayor parte de las relaciones interpersonales, ayuda pensar lo mejor de los demás. En el caso de las relaciones abusivas, se tendrá que lidiar con las cosas de manera diferente. Sin embargo, en otras situaciones y relaciones, cuando sea seguro hacerlo, dé a otros el beneficio de la duda. Podría tratarse de un simple malentendido.

## 2. PERDONE

El perdón es una cosa interesante. Aunque es algo que puede parecer muy difícil de hacer, especialmente cuando uno ha sido profundamente herido, es algo que puede beneficiar no sólo al que recibe el perdón, sino sobre todo al que perdona. Con el fin de entender lo que es el perdón, vamos a ver lo que NO ES el perdón.

### EL PERDÓN NO ES:

Perdonar a los demás no significa que tenga que confiar en ellos, no significa que los está excusando por lo que hicieron, ni tampoco quiere decir que usted aprueba su comportamiento ni que olvida lo que hicieron. Tampoco significa necesariamente que haya reconciliación.

### ENTONCES, ¿QUÉ ES EL PERDÓN?

Se ha dicho que el perdón es simplemente entregar su derecho de hacer, desear o pensar mal de la otra persona.[13] Usted puede decidir perdonar. Tan difícil como puede parecer en algunas situaciones, se puede optar por renunciar a su "derecho" de desear mal o pensar mal de la otra persona.

Muchas personas han descrito el acto del perdón como muy aliviador, ya que las libera de su sentido de amargura hacia la otra persona. Guardar resentimiento o amargura, es como si usted tomara un veneno y esperara que la otra persona muriera.[14] ¿Ha dejado de lado algún tipo de amargura? ¿Ha perdonado usted a las personas que necesita perdonar en su vida?

## 3. PASE TIEMPO CON SUS SERES QUERIDOS

Dedique tiempo a la gente que es más importante para usted. Apúnteles en su agenda y que sean una prioridad.

## 4. DÉ A SUS SERES QUERIDOS TODA SU ATENCIÓN

Tome unas mini "vacaciones" de la tecnología. Ponga en práctica la regla de guardar el teléfono, tableta, y/o computadora u ordenador portátil cuando pase tiempo con sus seres queridos. Disfrute del simple placer de comer sólo con y/o charlar con las personas que le importan.

# PENSAMIENTOS:
## EL PODER DE LA MENTE

**MUY ÍNTIMA ES LA RELACIÓN ENTRE LA MENTE Y EL CUERPO. CUANDO LA UNA SE VE AFECTADA, EL OTRO SIMPATIZA CON ELLA.~ *EL MINISTERIO DE CURACIÓN*, PÁGINA 185.**

Anteriormente mencionamos cómo Anna tiene una lucha con la depresión leve. Ella ha luchado contra los pensamientos negativos y la depresión desde hace décadas, pero los síntomas empeoraron hace unos cinco años después de un incidente amargo con su única hija. Desde entonces, empezó a experimenta otros síntomas más allá de los pensamientos negativos y debilitantes, como problemas para dormir y dolor en la espalda y el hombro. Dichos síntomas se mencionan en la siguiente tabla.

Puede que haya otros trastornos físicos que estén causando estos problemas, pero sería de ayuda para Anna el entender cómo nuestra salud física está vinculada con nuestro bienestar mental y emocional. Siga leyendo para aprender más.

Muy íntima es la relación entre la mente y el cuerpo. Cuando una está afectada, el otro simpatiza con ella.

La condición de la mente influye en la salud mucho más de lo que generalmente se cree. Muchas enfermedades son el resultado de la depresión mental. Las penas, la ansiedad, el descontento, remordimiento, sentimiento de culpabilidad y desconfianza, menoscaban las fuerzas vitales, y llevan al decaimiento y a la muerte. ~*El Ministerio de Curación*, página 185.

## LAS ENFERMEDADES Y COMPORTAMIENTOS DE SALUD ASOCIADOS CON LA DEPRESIÓN SON:[1, 2]

- ESTADOS DE DOLOR CRÓNICO
- LA FIBROMIALGIA
- LA FATIGA CRÓNICA
- EL SÍNDROME DEL INTESTINO IRRITABLE
- FUMAR
- EL CONSUMO DE ALCOHOL
- LA INACTIVIDAD FÍSICA/ OBESIDAD
- LA ALTERACIÓN DEL SUEÑO

Algunas veces la imaginación produce la enfermedad, y es frecuente que la agrave. Muchos hay que llevan vida de inválidos cuando podrían estar buenos si pensaran que lo están. Muchos se imaginan que la menor exposición del cuerpo les causará alguna enfermedad, y efectivamente el mal sobreviene porque se le espera. Muchos mueren de enfermedades cuya causa es puramente imaginaria. ~*El Ministerio de Curación*, página 185.

**Por lo tanto…**

El valor, la esperanza, la fe, la simpatía y el amor fomentan la salud y alargan la vida. Un espíritu satisfecho y alegre es como salud para el cuerpo y fuerza para el alma. "El corazón alegre es una buena medicina." Proverbios 17:22 (VM). ~*El Ministerio de Curación*, página 185.

Nada tiende más a promover la salud del cuerpo y del alma que un espíritu de gratitud y alabanza… Es una ley de la naturaleza que nuestros pensamientos y sentimientos resultan alentados y fortalecidos al darles expresión. Aunque las palabras expresan los pensamientos, éstos a su vez siguen a las palabras. ~*El Ministerio de Curación*, página 195.

**Y recuerde esto…**

En el tratamiento de los enfermos no debe pasarse por alto el efecto de la influencia ejercida por la mente. Aprovechada debidamente, esta influencia resulta uno de los agentes más eficaces para combatir la enfermedad.

Se necesita mucha sabiduría para tratar las enfermedades causadas por la mente. Un corazón dolorido y enfermo, un espíritu desalentado, necesitan un tratamiento benigno. A veces una honda pena doméstica roe como un cáncer hasta el alma y debilita la fuerza vital. En otros casos el remordimiento por el pecado mina la constitución y desequilibra la mente. La tierna simpatía puede aliviar a esta clase de enfermos. El médico debe primero ganarse su confianza, y después inducirlos a mi-

## 1. SEA AMABLE Y BONDADOSO CON LOS DEMÁS

rar hacia el gran Médico. Si se puede encauzar la fe de estos enfermos hacia el verdadero Médico, y ellos pueden confiar en que él se encargó de su caso, esto les aliviará la mente, y muchas veces dará salud al cuerpo.

La simpatía y el tacto serán muchas veces de mayor beneficio para el enfermo que el tratamiento más hábil administrado con frialdad e indiferencia. Positivo daño hace el médico al enfermo cuando se le acerca con indiferencia, y le mira con poco interés, manifestando con palabras u obras que el caso no requiere mucha atención, y después lo deja entregado a sus cavilaciones. La duda y el desaliento ocasionados por su indiferencia contrarrestarán muchas veces el buen efecto de las medicinas que haya recetado.~*El Ministerio de Curación*, página 187-188.

**Otro asunto a tener en cuenta . . .**

Estamos en un mundo donde impera el sufrimiento. Dificultades, pruebas y tristezas nos esperan a cada paso mientras vamos hacia la patria celestial. Pero muchos agravan el peso de la vida al cargarse continuamente de antemano con aflicciones. Si encuentran adversidad o desengaño en su camino, se figuran que todo marcha hacia la ruina, que su suerte es la más dura de todas, y que se hunden seguramente en la miseria. Así se atraen la desdicha y arrojan sombras sobre cuanto los rodea. La vida se vuelve una carga para ellos. Pero no es menester que así sea. Tendrán que hacer un esfuerzo resuelto para cambiar el curso de sus pensamientos. Pero el cambio es realizable. Su felicidad, para esta vida y para la venidera, depende de que fijen su atención en cosas alegres. Dejen ya de contemplar los cuadros lóbregos de su imaginación; consideren más bien los beneficios que Dios esparció en su senda, y más allá de éstos, los invisibles y eternos.

Para toda prueba Dios tiene deparado algún auxilio. Cuando, en el desierto, Israel llegó a las aguas amargas de Mara, Moisés clamó al Señor, quien no proporcionó ningún remedio nuevo, sino que dirigió la atención del pueblo a lo que tenía a mano. Para que el agua se volviera pura y dulce, había que echar en la fuente un arbusto que Dios había creado. Hecho esto, el pueblo pudo beber y refrescarse. En toda prueba, si recurrimos a él, Cristo nos dará su ayuda. Nuestros ojos se abrirán para discernir las promesas de curación consignadas en su Palabra. El Espíritu Santo nos enseñará cómo aprovechar cada bendición como antídoto contra el pesar. Encontraremos alguna rama con que purificar las bebidas amargas puestas ante nuestros labios.

No hemos de consentir en que lo futuro con sus dificultosos problemas, sus perspectivas nada halagüeñas, nos debilite el corazón, haga flaquear nuestras rodillas y nos corte los brazos. "Echen mano ... de mi fortaleza—dice el Poderoso,—y hagan paz conmigo. ¡Sí, que hagan paz conmigo!" Isaías 27:5 (VM). Los que dedican su vida a ser dirigidos por Dios y a servirle, no se verán jamás en situación para la cual él no haya provisto el remedio. Cualquiera que sea nuestra condición, si somos hacedores de su Palabra, tenemos un Guía que nos señale el camino; cualquiera que sea nuestra perplejidad, tenemos un buen Consejero; cualquiera que sea nuestra perplejidad, nuestro pesar, luto o soledad, tenemos un Amigo que simpatiza con nosotros.

Si en nuestra ignorancia damos pasos equivocados, el Salvador no nos abandona. No tenemos nunca por qué sentirnos solos. Los ángeles son nuestros compañeros. El Consolador que Cristo prometió enviar en su nombre mora con nosotros. En el camino que conduce a la ciudad de Dios, no hay dificultades que no puedan vencer quienes en él confían. No hay peligros de que no puedan verse libres. No hay tristeza, ni dolor ni flaqueza humana para la cual él no haya preparado remedio.

UNA VIDA EN UN HOGAR CON PROBLEMAS PUEDE CAUSAR UNA GRAN CANTIDAD DE ESTRÉS EN LOS NIÑOS Y LOS ADULTOS. EL ESTRÉS ES UNA PARTE NORMAL DE LA VIDA, PERO HAY QUE HACERLE FRENTE DE MANERA ADECUADA, YA QUE EL EXCESO DE ESTRÉS PUEDE LLEVAR A PROBLEMAS FÍSICOS, TALES COMO : [4]

- LOS DOLORES DE CABEZA
- EL CANSANCIO
- DIFICULTAD PARA DORMIR
- DOLOR DE BARRIGA
  - CALAMBRES, ESTREÑIMIENTO, DIARREA
- IRRITABILIDAD
- DEPRESIÓN
- ALTA PRESIÓN SANGUÍNEA
- EL LATIDO ANORMAL DEL CORAZÓN (ARRITMIA)
- EL ENDURECIMIENTO DE LAS ARTERIAS (ATEROESCLEROSIS)
- ENFERMEDADES DEL CORAZÓN
- ATAQUES AL CORAZÓN
- ACIDEZ
- ÚLCERAS
- EL SÍNDROME DEL INTESTINO IRRITABLE
- EL AUMENTO O PÉRDIDA DE PESO
- PROBLEMAS DE FERTILIDAD
- BROTES DE ASMA O ARTRITIS
- PROBLEMAS DE LA PIEL COMO EL ACNÉ, EL ECZEMA, LA PSORIASIS.

LEA EL HÁBITO #7 "UN EQUILIBRIO SALUDABLE" PARA OBTENER AYUDA PARA CONTROLAR EL ESTRÉS. PROTÉJASE A USTED Y A SU FAMILIA DE DOLENCIAS INNECESARIAS. BUSQUE AYUDA PROFESIONAL SI ES NECESARIO: SU PROVEEDOR DE SALUD MÉDICA, UN CONSEJERO, UN MIEMBRO DEL CLERO, ETC.

Nadie tiene por qué entregarse al desaliento ni a la desesperación. Puede Satanás presentarse a ti, insinuándote desapiadadamente: "Tu caso es desesperado. No tienes redención." Hay sin embargo esperanza en Cristo para ti. Dios no nos exige que venzamos con nuestras propias fuerzas. Nos invita a que nos pongamos muy junto a él. Cualesquiera que sean las dificultades que nos abrumen y que opriman alma y cuerpo Dios aguarda para libertarnos.

El que se humanó sabe simpatizar con los padecimientos de la humanidad. No sólo conoce Cristo a cada alma, así como sus necesidades y pruebas particulares, sino que conoce todas las circunstancias que irritan el espíritu y lo dejan perplejo. Tiende su mano con tierna compasión a todo hijo de Dios que sufre. Los que más padecen reciben mayor medida de su simpatía y compasión. Le conmueven nuestros achaques y desea que depongamos a sus pies nuestras congojas y nuestros dolores, y que allí los dejemos.

No es prudente que nos miremos a nosotros mismos y que estudiemos nuestras emociones. Si lo hacemos, el enemigo nos presentará dificultades y tentaciones que debiliten la fe y aniquilen el valor. El fijarnos por demás en nuestras emociones y ceder a nuestros sentimientos es exponernos a la duda y enredarnos en perplejidades. En vez de mirarnos a nosotros mismos, miremos a Jesús.

Cuando las tentaciones os asalten, cuando los cuidados, las perplejidades y las tinieblas parezcan envolver vuestra alma, mirad hacia el punto en que visteis la luz por última vez. Descansad en el amor de Cristo y bajo su cuidado protector. Cuando el pecado lucha por dominar en el corazón, cuando la culpa oprime al alma y carga la conciencia, cuando la incredulidad anubla el espíritu,

acordaos de que la gracia de Cristo basta para vencer al pecado y desvanecer las tinieblas. Al entrar en comunión con el Salvador entramos en la región de la paz.

Cuando se os pregunte cómo os sentís, no os pongáis a pensar en cosas tristes que podáis decir para captar simpatías. No mencionéis vuestra falta de fe ni vuestros pesares y padecimientos. El tentador se deleita al oír tales cosas. Cuando habláis de temas lóbregos, glorificáis al maligno. No debemos espaciarnos en el gran poder que

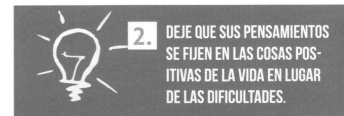

**2. DEJE QUE SUS PENSAMIENTOS SE FIJEN EN LAS COSAS POSITIVAS DE LA VIDA EN LUGAR DE LAS DIFICULTADES.**

tiene Satanás para vencernos. Muchas veces nos entregamos en sus manos con sólo referirnos a su poder. Conversemos más bien del gran poder de Dios para unir todos nuestros intereses con los suyos. Contemos lo relativo al incomparable poder de Cristo, y hablemos de su gloria. El cielo entero se interesa por nuestra salvación. Los ángeles de Dios, que son millares de millares y millones de millones, tienen la misión de atender a los que han de ser herederos de la salvación. Nos guardan del mal y repelen las fuerzas de las tinieblas que procuran destruirnos. ¿No tenemos motivos de continuo agradecimiento, aun cuando haya aparentes dificultades en nuestro camino?. ~*El Ministerio de Curación*, página 191-195.

# EL DOCTOR DICE

**SU MENTE NECESITA "EJERCICIO" AL IGUAL QUE SU CUERPO. ALGUNAS FORMAS DE DARLE "EJERCICIO" A SU MENTE SON:**

- APRENDIENDO COSAS NUEVAS. POR EJEMPLO:
  - ESTUDIE UN IDIOMA NUEVO
  - APRENDA A TOCAR UN INSTRUMENTO MUSICAL
  - MEMORICE PASAJES DE LA BIBLIA
  - DESARROLLE SU LADO ARTÍSTICO

- CENTRÁNDOSE EN LAS COSAS POSITIVAS DE LA VIDA EN LUGAR DE LO NEGATIVO
- INTERACTUANDO CON LA GENTE
- ELIGIENDO SER FELIZ Y ALEGRE
- PASANDO TIEMPO EN LA NATURALEZA
- EN TÉRMINOS GENERALES, LAS COSAS QUE SON BUENAS PARA EL CUERPO TIENDEN A SER BUENAS PARA EL CEREBRO Y LA MENTE.

- RIENDO, SONRIENDO, RIENDO, SONRIENDO. ENCUENTRE EL SENTIDO DEL HUMOR EN LA VIDA, Y NO SE OLVIDE DE REÍR Y SONREÍR.
- OBTENGA CONSEJERÍA O AYUDA PROFESIONAL SI ES NECESARIO.

# HÁBITO #13

## ESPIRITUALIDAD

JESÚS MIRABA A LOS ACONGOJADOS Y DE CORAZÓN QUEBRANTADO, A AQUELLOS CUYAS ESPERANZAS HABÍAN SIDO DEFRAUDADAS, Y QUE PROCURABAN SATISFACER LOS ANHELOS DEL ALMA CON GOCES TERRENALES, Y LOS INVITABA A TODOS A BUSCAR Y ENCONTRAR DESCANSO EN ÉL.
~ *EL MINISTERIO DE CURACIÓN*, PÁGINA 47.

Siendo el amor de Dios tan grande y tan infalible, se debe alentar al enfermo a que confíe en Dios y tenga ánimo. ~ *El Ministerio de Curación*, página 174.

La Biblia entera es una revelación de la gloria de Dios en Cristo. Aceptada, creída y obedecida, constituye el gran instrumento para la transformación del carácter. Es el gran estímulo, la fuerza que constriñe, que vivifica las facultades físicas, mentales y espirituales y encauza debidamente la vida. ~ *El Ministerio de Curación*, página 364.

Estamos descubriendo cada vez más cómo cada aspecto de nuestra salud esta intrincadamente relacionado con las demás partes. Todos los aspectos de la salud —el espiritual, el mental, el emocional, el social y el físico— se encuentran interrelacionados. En este capítulo, vamos a estudiar más acerca de la salud espiritual.

Creemos que cada persona puede y debe elegir en qué creer. Este libro examinará la espiritualidad desde una perspectiva cristiana, ya que estamos siguiendo los hábitos de vida de los cristianos adventistas del séptimo día.

Aunque Raul y Anna afirman que el cristianismo es su preferencia religiosa para expresar su espiritualidad, no participan mucho del estilo de vida cristiano. Oran en raras ocasiones, tienen una Biblia cubierta de polvo que casi nunca abren, rara vez van a la iglesia, y aunque les gustaría, casi nunca son capaces de ofrecer su tiempo o dinero para ayudar con la obra misionera. Cuando les hice la pregunta: "¿Están satisfechos con su vida espiritual?" ambos respondieron: "No." Ambos quieren tener una vida cristiana más firme.

Entonces, ¿cómo se desarrolla una experiencia más firme con Dios?

En pocas palabras, la esencia del cristianismo es conocer a Jesucristo para tener una relación personal y de confianza con Dios. Hay una paz profunda que se experimenta al poder confiar en un ser superior que sabe lo que es mejor para nosotros individualmente y tiene nuestros mejores intereses en mente.

¿Pero, cómo podemos llegar a conocer a Jesucristo? ¿Cómo podemos llegar a conocer a Dios?

Son muchas las maneras en que Dios procura dársenos a conocer y ponernos en comunión con El. La naturaleza habla sin cesar a nuestros sentidos. El corazón que esté preparado quedará impresionado por el amor y la gloria de Dios según los revelan las obras de sus manos. El oído atento puede escuchar y entender las comunicaciones de Dios por las cosas de la naturaleza. Los verdes campos, los elevados árboles, los capullos y las flores, la nubecilla que pasa, la lluvia que cae, el arroyo que murmura, las glorias de los cielos, hablan a nuestro corazón y nos invitan a conocer a Aquel que lo hizo todo.

Nuestro Salvador entrelazó sus preciosas lecciones con las cosas de la naturaleza. Los árboles, los pájaros, las flores de los valles, las colinas, los lagos y los hermosos cielos, así como los incidentes y las circunstancias de la vida diaria, fueron todos ligados a las palabras de verdad, para que así sus lecciones fuesen traídas a menudo a la memoria, aun en medio de los cuidados de la vida de trabajo del hombre.

Dios quiere que sus hijos aprecien sus obras y se deleiten en la sencilla y tranquila hermosura con que El adornó nuestra morada terrenal. El es amante de lo bello, y sobre todo ama la belleza del carácter, que es más atractiva que todo lo externo, y quiere que cultivemos la pureza y la sencillez, gracias características de las flores.

Si tan sólo queremos escuchar, las obras que Dios creó nos enseñarán preciosas lecciones de obediencia y confianza. Desde las estrellas que en su carrera sin huella por el espacio siguen de siglo en siglo los derroteros que les asignó, hasta el átomo más diminuto, las cosas de la naturaleza obedecen a la voluntad del Creador. Y Dios cuida y sostiene todo lo que creó. El que sustenta los innumerables mundos diseminados por la inmensidad, también tiene cuidado del gorrioncillo que entona sin temor su humilde canto. Cuando los hombres van a su trabajo, o están orando; cuando se acuestan por la noche o se levantan por la mañana; cuando el rico se sacia en el palacio, o cuando el pobre reúne a sus hijos alrededor de su escasa mesa, el Padre celestial vigila tiernamente a todos. No se derraman lágrimas sin que El lo note. No hay sonrisa que para El pase inadvertida.

Si creyéramos implícitamente esto, desecharíamos toda ansiedad indebida. Nuestras vidas no estarían tan llenas de desengaños como ahora; porque cada cosa, grande o pequeña, se dejaría en las manos de Dios, quien no se confunde por la multiplicidad de los cuidados, ni se abruma por su peso. Entonces nuestra alma gozaría de un

## UN MAYOR BIENESTAR ESPIRITUAL PUEDE ESTAR RELACIONADO CON: [1]

- Menos estrés
- Presión sanguínea más baja
- Menor riesgo de enfermedades del corazón
- Reducción de la depresión

reposo que muchos desconocen desde hace largo tiempo.

Cuando vuestros sentidos se deleiten en la amena belleza de la tierra, pensad en el mundo venidero, que nunca conocerá mancha de pecado ni de muerte; donde la faz de la naturaleza no llevará más la sombra de la maldición. Represéntese vuestra imaginación la morada de los salvos; y recordad que será más gloriosa que cuanto pueda figurarse la más brillante imaginación. En los variados dones de Dios en la naturaleza no vemos sino el reflejo más pálido de su gloria. Está escrito: "Cosas que ojo no vio, ni oído oyó, y que jamás entraron en pensamiento humano—las cosas grandes que ha preparado Dios para los que le aman." 1 Corintios 2:9

El poeta y el naturalista tienen muchas cosas que decir acerca de la naturaleza, pero es el creyente quien más goza de la belleza de la tierra, porque reconoce la obra de las manos de su Padre y percibe su amor, en la flor, el arbusto y el árbol. Nadie que no los mire como una expresión del amor de Dios al hombre puede apreciar plenamente la significación de la colina, del valle, del río y del mar.

Dios nos habla mediante sus obras providenciales y la influencia de su Espíritu Santo en el corazón. En nuestras circunstancias y ambiente, en los cambios que suceden diariamente en torno nuestro podemos encontrar preciosas lecciones, si tan sólo nuestros corazones están

## DIOS NOS HABLA A TRAVÉS DE ...

1. NATURALEZA        2. PROVIDENCIA        3. INFLUENCIA DEL ESPÍRITU        4. LA BIBLIA

ORAR ES EL ACTO DE ABRIR NUESTRO CORAZÓN A DIOS COMO A UN AMIGO.... LA ORACIÓN NO BAJA A DIOS HACIA NOSOTROS, ANTES BIEN NOS ELEVA A EL. ~ *EL CAMINO A CRISTO*, PÁGINA 93.

LLENAD VUESTRO CORAZÓN CON LAS PALABRAS DE DIOS. SON EL AGUA VIVA QUE APAGA VUESTRA SED. ~ *EL CAMINO A CRISTO*, PÁGINA 88.

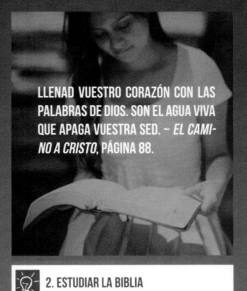

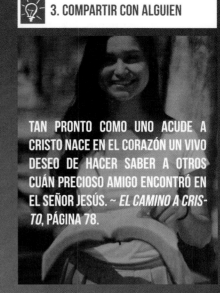

TAN PRONTO COMO UNO ACUDE A CRISTO NACE EN EL CORAZÓN UN VIVO DESEO DE HACER SABER A OTROS CUÁN PRECIOSO AMIGO ENCONTRÓ EN EL SEÑOR JESÚS. ~ *EL CAMINO A CRISTO*, PÁGINA 78.

abiertos para recibirlas. El salmista, rastreando la obra de la Providencia divina, dice: "La tierra está llena de la misericordia de Jehová." "¡Quien sea sabio, observe estas cosas; y consideren todos la misericordia de Jehová!" Salmos 33:5; 107:43

Dios nos habla también en su Palabra. En ella tenemos, en líneas más claras, la revelación de su carácter, de su trato con los hombres y de la gran obra de la redención. En ella se nos presenta la historia de los patriarcas, profetas y otros hombres santos de la antigüedad. Ellos estaban sujetos "a las mismas debilidades que nosotros." Vemos cómo lucharon entre descorazonamientos como los nuestros, cómo cayeron bajo tentaciones como hemos caído nosotros y sin embargo cobraron nuevo valor y vencieron por la gracia de Dios, y recordándolos, nos animamos en nuestra lucha por la justicia. Al leer el relato de los preciosos sucesos que se les permitió experimentar, la luz, el amor y la bendición que les tocó gozar y la obra que hicieron por la gracia a ellos dada, el espíritu que los inspiró enciende en nosotros un fuego de santo celo, un deseo de ser como ellos en carácter y de andar con Dios como ellos.

El Señor Jesús dijo de las Escrituras del Antiguo Testamento, y cuánto más cierto es esto acerca del Nuevo: "Ellas son las que dan testimonio de mí," el Redentor, Aquel en quien se concentran vuestras esperanzas de la vida eterna. Juan 5:39. Sí, la Biblia entera nos habla de Cristo. Desde el primer relato de la creación, de la cual se dice: "Sin él nada de lo que es hecho, fue hecho," hasta la última promesa: "¡He aquí, yo vengo presto!" leemos acerca de sus obras y escuchamos su voz. Juan 1:3; Apocalipsis 22:12 Si deseáis conocer al Salvador, estudiad las Santas Escrituras.

Llenad vuestro corazón con las palabras de Dios. Son el agua viva que apaga vuestra sed. Son el pan vivo que descendió del cielo. Jesús declara: "A menos que comáis la carne del Hijo del hombre, y bebáis su sangre, no tendréis vida en vosotros." Y al explicarse, dice: "Las palabras que yo os he hablado espíritu y vida son." Juan 6:53,63. Nuestros cuerpos viven de lo que comemos y bebemos; y lo que sucede en la vida natural sucede en la espiritual: lo que meditamos es lo que da tono y vigor a nuestra naturaleza espiritual.

El tema de la redención es un tema que los ángeles desean escudriñar; será la ciencia y el canto de los redimidos durante las interminables edades de la eternidad. ¿No es un tema digno de atención y estudio ahora? La infinita misericordia y el amor de Jesús, el sacrificio hecho en nuestro favor, demandan de nosotros la más seria y solemne reflexión. Debemos espaciarnos en el carácter de nuestro querido Redentor e Intercesor. Debemos meditar en la misión de Aquel que vino a salvar a su pueblo de sus pecados. Cuando contemplemos así los asuntos celestiales, nuestra fe y amor serán más fuertes y nuestras oraciones más aceptables a Dios, porque se elevarán acompañadas de más fe y amor. Serán inteligentes y fervorosas. Habrá una confianza constante en Jesús y una experiencia viva y diaria en su poder de salvar completamente a todos los que van a Dios por medio de El.

Mientras meditemos en la perfección del Salvador desearemos ser enteramente transformados y renovados conforme a la imagen de su pureza. Nuestra alma tendrá hambre y sed de llegar a ser como Aquel a quien adoramos. Cuanto más concentremos nuestros pensamientos en Cristo, más hablaremos de El a otros y mejor le representaremos ante el mundo.

La Biblia no fue escrita solamente para el hombre erudito; al contrario, fue destinada a la gente común. Las grandes verdades necesarias para la salvación están pre sentadas con tanta claridad como la luz del mediodía; y nadie equivocará o perderá el camino, salvo los que sigan su juicio privado en vez de la voluntad divina tan claramente revelada.

No debemos conformarnos con el testimonio de hombre alguno en cuanto a lo que enseñan las Santas Escrituras, sino que debemos estudiar las palabras de Dios por nosotros mismos. Si dejamos que otros piensen por nosotros, nuestra energía quedará mutilada y limitadas nuestras aptitudes. Las nobles facultades del alma pueden reducirse tanto por no ejercitarse en temas dignos de su concentración, que lleguen a ser incapaces de penetrar la profunda significación de la Palabra de Dios. La inteligencia se desarrolla si se emplea en investigar la relación de los asuntos de la Biblia, comparando escritura con escritura y lo espiritual con lo espiritual.

No hay ninguna cosa mejor para fortalecer la inteligencia que el estudio de las Santas Escrituras. Ningún otro libro es tan potente para elevar los pensamientos, para dar vigor a las facultades, como las grandes y ennoblecedoras verdades de la Biblia. Si se estudiara la Palabra de Dios como se debe, los hombres

# 90% MENOS RIESGO

Los hijos adultos de padres depresivos que informaron que la religión y la espiritualidad eran muy importantes para ellos, tuvieron un 90% menos riesgo de sufrir depresión grave.[2]

tendrían una grandeza de espíritu, una nobleza de carácter y una firmeza de propósito que raramente pueden verse en estos tiempos.

No se saca sino un beneficio muy pequeño de una lectura precipitada de las Sagradas Escrituras. Uno puede leer toda la Biblia y quedarse, sin embargo, sin ver su belleza o comprender su sentido profundo y oculto. Un pasaje estudiado hasta que su significado nos sea claro y evidentes sus relaciones con el plan de salvación, resulta de mucho más valor que la lectura de muchos capítulos sin un propósito determinado y sin obtener una instrucción positiva. Tened vuestra Biblia a mano. Leedla cuando tengáis oportunidad; fijad los textos en vuestra memoria. Aun al ir por la calle podéis leer un pasaje y meditar en él hasta que se grabe en la mente.

No podemos obtener sabiduría sin una atención verdadera y un estudio con oración. Algunas porciones de la Santa Escritura son en verdad demasiado claras para que se puedan entender mal; pero hay otras cuyo significado no es superficial, y no se discierne a primera vista. Se debe comparar pasaje con pasaje. Debe haber un escudriñamiento cuidadoso y una reflexión acompañada de oración. Y tal estudio será abundantemente recompensado. Como el minero descubre vetas de precioso metal ocultas debajo de la superficie de la tierra, así también el que con perseverancia escudriña la Palabra de Dios en busca de sus tesoros escondidos encontrará verdades del mayor valor ocultas de la vista del investigador descuidado. Las palabras de la inspiración, meditadas en el alma, serán como ríos de agua que manan de la fuente de la vida.

Nunca se deben estudiar las Sagradas Escrituras sin oración. Antes de abrir sus páginas debemos pedir la iluminación del Espíritu Santo, y ésta nos será dada. Cuando Natanael fue al Señor Jesús, el Salvador exclamó: "He aquí verdaderamente un israelita, en quien no hay engaño." Dícele Natanael: "¿De dónde me conoces?" Y Jesús respondió: "Antes que Felipe te llamara, cuando estabas bajo la higuera, te vi."9 Así también nos verá el Señor Jesús en los lugares secretos de oración, si le buscamos para que nos dé luz y nos permita saber lo que es la verdad. Los ángeles del mundo de luz acompañarán a los que busquen con humildad de corazón la dirección divina.

El Espíritu Santo exalta y glorifica al Salvador. Está encargado de presentar a Cristo, la pureza de su justicia y la gran salvación que obtenemos por El. El Señor Jesús dijo: El Espíritu "tomará de lo mío, y os lo anunciará."10 El Espíritu de verdad es el único maestro eficaz de la verdad divina. ¡Cuánto no estimará Dios a la raza humana, siendo que dio a su Hijo para que muriese por ella, y manda su Espíritu para que sea de continuo el maestro y guía del hombre!. ~ *El Camino a Cristo*, página 85-91.

No sólo experimentamos la tranquilidad de conocer a Jesús como nuestro amigo y Salvador, pero también obtenemos beneficios para nuestra salud, como vimos anteriormente.

Raul y Anna quieren mejorar su vida espiritual y dar prioridad a este aspecto importante de sus vidas. Aquí hay algunos cambios que pueden llevar a cabo:
- Orar individualmente y juntos como pareja.
- Leer y estudiar la Biblia.
- Conectar con otras personas con ideas afines.
- Conectar con una iglesia que cree en la Biblia.
- Visite esta página para ubicar una iglesia cristiana cercana:
- http://www.adventist.org/utility/find-a-church/

La mejora de nuestra salud espiritual es un viaje que dura toda nuestra vida. Desarrollar una relación firme de confianza con Dios no sucede de un día para otro. Al igual que cualquier otra relación importante en la vida requiere tiempo y esfuerzo. Estos pasos sencillos le darán la base que necesita para desarrollar una relación significativa con Dios.

HAY UNA SERIE DE COSAS QUE CONTRIBUYEN A NUESTRO BIENESTAR ESPIRITUAL. ÉSTAS SON SÓLO ALGUNAS:
- LA ORACIÓN SINCERA: ¡SIMPLEMENTE HABLAR CON DIOS COMO LO HARÍA CON SU MEJOR AMIGO!
- LEER Y ESTUDIAR LA BIBLIA.
- PERTENECER Y FORMAR PARTE DE LA FAMILIA DE LA IGLESIA.
- COMPARTIR EL AMOR DE DIOS CON LOS DEMÁS.

¡PÓNGALOS A PRUEBA HOY!

# EL DOCTOR DICE

# RECURSOS

AQUÍ HAY UNA LISTA DE PÁGINAS WEB A LAS QUE PUEDE ACCEDER PARA OBTENER RECURSOS SOBRE CÓMO MEJORAR SU SALUD ESPIRITUAL:

- AMAZINGFACTS.ORG
- GLOWONLINE.ORG
- 3ABNLATINO.TV
- LLBN.TV
- ESCRITOESTA.ORG

# ANTONIO

A tan sólo 20 años de edad, Antonio pesaba 335 libras, más del doble de su peso corporal ideal según su estatura y forma. Había tratado de ahogar sus tensiones diarias con largas horas de videojuegos, cigarrillos y alcohol. Le encantaba picar comida basura durante todo el día y tomar muchas bebidas Monster ™ con alto contenido en cafeína. Su comida favorita era un trozo grueso de carne medio cocido.

## A MEDIDA QUE SU INTERÉS POR LAS COSAS ESPIRITUALES AUMENTÓ, SU SALUD FÍSICA MEJORÓ TAMBIÉN.

Un día, Antonio se dijo a sí mismo: «Necesito estar más saludable». Tomó la decisión de dejar de beber refrescos y los reemplazó con agua. En tan sólo una semana había perdido diez libras. Unos pocos meses después, comenzó a mostrar un interés por su salud espiritual. Comenzó a asistir a una iglesia cristiana local. No sólo creció espiritualmente, sino que también adquirió conocimiento valioso sobre una vida física saludable según la Biblia. Aprendió que nuestros cuerpos son el templo de Dios, por lo que deberíamos hacer todo lo posible para cuidar de ellos. También aprendió que el Dios había planeado un menú ideal basado en las plantas y los vegetales. A medida que su interés por las cosas espirituales aumentó, su salud física mejoró también.

Poco después, Antonio dejó de comer carne de cerdo y otras carnes insalubres como se indica en la Biblia en Levítico 11. Finalmente fue capaz de dejar de beber alcohol y también dejó de fumar. Él dejó de beber las bebidas Monster ™ y fue incluso capaz de controlar su adicción a los refrigerios. Varios meses más tarde, Antonio se hizo vegetariano, tras decidir que quería probar el menú ideal de Dios que se encuentra en la Biblia. Con el tiempo sustituyó la lactosa y los huevos por otras alternativas más saludables.

A través de su viaje "mejorando su salud", Antonio perdió más de 150 libras y encontró formas más saludables de satisfacer sus tensiones diarias. Su nueva fe en Dios creció, e incluso las relaciones con sus amigos y familiares mejoraron. En la actualidad, se desempeña activamente como profesor y conferenciante compartiendo con los demás cómo ellos también pueden vivir felices y saludables en Jesús.

# EL SERVICIO

RECORDAD QUE EL GOZO VERDADERO SÓLO SE ENCUENTRA EN SERVIR DESINTERESADAMENTE.
~ *EL MINISTERIO DE CURACIÓN*, PÁGINA 280.

as buenas acciones son una doble bendición, pues aprovechan al que las hace y al que recibe sus beneficios. La conciencia de haber hecho el bien es una de las mejores medicinas para las mentes y los cuerpos enfermos. Cuando el espíritu goza de libertad y dicha por el sentimiento del deber cumplido y por haber proporcionado felicidad a otros, la influencia alegre y reconstituyente que de ello resulta infunde vida nueva al ser entero. ~ *El Ministerio de Curación*, página 199.

Procure el desvalido manifestar simpatía, en vez de requerirla siempre. Echad sobre el compasivo Salvador la carga de vuestra propia flaqueza, tristeza y dolor. Abrid vuestro corazón a su amor, y haced que rebose sobre los demás. Recordad que todos tienen que arrostrar duras pruebas y resistir rudas tentaciones, y que algo podéis hacer para aliviar estas cargas. Expresad vuestra gratitud por las bendiciones de que gozáis: demostrad el aprecio que os merecen las atenciones de que sois objeto. Conservad vuestro corazón lleno de las preciosas promesas de Dios, a fin de que podáis extraer de ese tesoro palabras de consuelo y aliento para el prójimo. Esto os envolverá en una at

## EL SERVICIO DESINTERESADO

PUEDE ESTAR RELACIONADO CON:

REDUCIR LA PRESIÓN ARTERIAL

Y

VIDA ÚTIL MÁS LARGA

EXISTEN ESTUDIOS QUE SUGIEREN QUE LAS PERSONAS QUE DAN DE SU TIEMPO PARA HACER UN SERVICIO DESINTERESADO PUEDEN TENER MEJOR SALUD FÍSICA, QUE SE EVIDENCIA EN COSAS COMO UNA PRESIÓN ARTERIAL BAJA Y UNA ESPERANZA DE VIDA MÁS LARGA.[1]

mósfera provechosa y enaltecedora. Proponeos ser motivo de bendición para los que os rodean, y veréis cómo encontraréis modo de ayudar a vuestra familia y también a otros.

Si los que padecen enfermedad se olvidasen de sí mismos en beneficio de otros; si cumplieran el mandamiento del Señor de atender a los más necesitados que ellos, se percatarían de cuánta verdad hay en la promesa del profeta: "Entonces nacerá tu luz como el alba, y tu salud se dejará ver presto." ~ *El Ministerio de Curación*, página 199-200.

## EL VOLUNTARIADO ENTRE LOS ADULTOS MAYORES SE HA RELACIONADO CON: [2]

- UNA MAYOR SATISFACCIÓN DE VIDA
- UN MAYOR PROPÓSITO EN LA VIDA
- UNA MAYOR AUTOESTIMA
- UN MAYOR CONTROL PERSONAL
- MENOS SÍNTOMAS DEPRESIVOS.

## EN TODO OS HE ENSEÑADO QUE, TRABAJANDO ASÍ, SE DEBE AYUDAR A LOS NECESITADOS, Y RECORDAR LAS PALABRAS DEL SEÑOR JESÚS, QUE DIJO: "MÁS BIENAVENTURADO ES DAR QUE RECIBIR". - HECHOS 20:35

Aunque se conoce varios beneficios para la salud cuando uno es voluntario y ayuda a los demás, eso no debería ser nuestra motivación para ayudar a otros. Sí, estudios han indicado que ayudar a los demás podría ayudar con la hipertensión, la depresión, aumentar la esperanza de vida, y otros asuntos, pero lo más importante es que somos llamados a ayudarnos y edificarnos los unos a los otros.

### ROMANOS 12:10
"AMAOS LOS UNOS A LOS OTROS CON AMOR FRATERNAL; EN CUANTO A HONRA, PREFIRIÉNDOOS LOS UNOS A LOS OTROS."

### GÁLATAS 6:2
"SOBRELLEVAD LOS UNOS LAS CARGAS DE LOS OTROS, Y CUMPLID ASÍ LA LEY DE CRISTO."

### JUAN 13:34
"UN MANDAMIENTO NUEVO OS DOY: QUE OS AMÉIS UNOS A OTROS; COMO YO OS HE AMADO, QUE TAMBIÉN OS AMÉIS UNOS A OTROS."

### HEBREOS 13
"PERMANEZCA EL AMOR FRATERNAL."

### PROVERBIOS 11:25
"EL ALMA GENEROSA SERÁ PROSPERADA; Y EL QUE SACIA A OTROS, SERÁ SACIADO."

### FILIPENSES 2:3,4
"NADA HAGÁIS POR CONTIENDA O POR VANAGLORIA; ANTES BIEN CON HUMILDAD, ESTIMANDO CADA UNO A LOS DEMÁS COMO SUPERIORES A ÉL MISMO; NO MIRANDO CADA UNO POR LO SUYO PROPIO, SINO CADA CUAL TAMBIÉN POR LO DE LOS OTROS."

Ayudar en un área que está en línea con sus habilidades y personalidad puede hacer que el voluntariado sea muy agradable y que sea algo que anhela hacer. Póngase en contacto con el pastor de alguna iglesia local o con otras organizaciones comunitarias benéficas para encontrar oportunidades para ser voluntario y servir a la comunidad.

Forma parte del estilo de vida de longevidad de los adventistas del séptimo día vivir por algo más grande que ellos mismos. Participan en muchas actividades voluntarias para ayudar a los necesitados que se encuentran a su alrededor. Es parte de la misión de los cristianos genuinos ayudar a los necesitados y compartir con ellos el amor de Jesucristo. La Biblia dice en Proverbios 29:18: "Donde no hay visión, el pueblo perece." Parece que la gente que tiene una alegría profunda y duradera en sus vidas vive por algo mayor que ellos mismos. Parece que tienen un propósito mayor, una visión de la vida más allá de solo complacerse a sí mismos. Tienden a tener una misión de ayudar y servir, ya sea a otras personas, el medioambiente, o trabajando para Dios.

## EL DOCTOR DICE

OFREZCA SU TIEMPO VOLUNTARIAMENTE PARA AYUDAR A OTROS.

AYUDE A OTROS. VISITE A LOS ENFERMOS. ALIMENTE AL HAMBRIENTO. SEA UN AMIGO. AME A LOS DEMÁS. TENGA UN PROPÓSITO Y UN OBJETIVO EN LA VIDA. CONOZCA A JESUCRISTO.

"'PORQUE TUVE HAMBRE, Y ME DISTEIS DE COMER; TUVE SED, Y ME DISTEIS DE BEBER; FUI FORASTERO, Y ME RECOGISTEIS; ESTUVE DESNUDO, Y ME CUBRISTEIS; ENFERMO, Y ME VISITASTEIS; EN LA CÁRCEL, Y VINISTEIS A MÍ.' ENTONCES LOS JUSTOS LE RESPONDERÁN DICIENDO: 'SEÑOR, ¿CUÁNDO TE VIMOS HAMBRIENTO, Y TE SUSTENTAMOS, O SEDIENTO, Y TE DIMOS DE BEBER? ¿Y CUÁNDO TE VIMOS FORASTERO, Y TE RECOGIMOS, O DESNUDO, Y TE CUBRIMOS? ¿O CUÁNDO TE VIMOS ENFERMO, O EN LA CÁRCEL, Y VINIMOS A TI?' Y RESPONDIENDO EL REY, LES DIRÁ: 'DE CIERTO OS DIGO QUE EN CUANTO LO HICISTEIS A UNO DE ESTOS MIS HERMANOS MÁS PEQUEÑOS, A MÍ LO HICISTEIS.'" - MATEO 25:35-40

# EPÍLOGO & REFERENCIAS

Si Raul y Anna aplicaran los hábitos que se presentan en este libro, su salud podría mejorar de manera espectacular. Anna podría perder el sobrepeso que ha estado deseando perder durante años. Raul no tendría que vivir con el miedo de morir de un ataque al corazón como murió su padre. Podrían tener más tiempo en familia y disfrutar de mejores relaciones con los demás. Raul podría empezar a disfrutar de la naturaleza como lo hacía antes. Anna no tendría que estar deprimida. Podrían tener una vida espiritual firme. Podrían tener el tiempo y la energía para servir a su comunidad y disfru-

tar de la vida juntos. Si practicaran los hábitos presentados en este libro, sus vidas podrían ser muy distintas dentro de cinco o diez años.

¿Qué pasa con usted? ¿Qué pasaría si pusiera en práctica estos hábitos que sanan? ¿Cómo sería su vida dentro de cinco años? ¿Y dentro de diez? Y si no practica estos hábitos, ¿cómo será su vida dentro de cinco años? ¿Y dentro de diez? ¿Cómo se verá afectada su familia? ¿Su trabajo? Sus objetivos en la vida?

¿Ahora qué va hacer? La decisión es suya.

**R**

## Hábito #1  El Poder de Elegir.

1. Treating Depression. (2014, August 14). Retrieved March 6, 2015, from http://www.webmd.com/depression/takingfirststep-healthcareprovidersstreatingdepres sionmedref

## Hábito #2  Agua, Regalo de la Vida.

1. Mayo Clinic Staff. (2014, September 5). Nutrition and Healthy Eating. Retrieved March 4, 2015, from http://www.mayoclinic.org/healthyliving/nutritionandhealthyeating/in-depth/water/art 20044256

2. Blackmer, S. (2012). Celebrating Liquids. In Celebrations: Living Life to the Fullest. ( p. 56). Silver Spring, MD: Health Ministries Dept.

3. Mayo Clinic Staff. (2014, September 5). Nutrition and Healthy Eating. Retrieved March 4, 2015, from http://www.mayoclinic.org/healthyliving/nutritionandhealthyeating/in-depth/water/art 20044256

4. Lieberson, A. (2004, November 8). How long can a person survive without food? Retrieved February 28, 2015 from http://www.scientificamerican.com/article/howlongcanapersonsur/.

5. Negoianu, D., & Goldfarb, S. (2008). Just Add Water. (10466673/19061041). Retrieved February 28, 2015, from the Journal of the American Society of Nephrology.

6. Mayo Clinic Staff. (2014, September 5). Nutrition and Healthy Eating. Retrieved March 4, 2015, from http://www.mayoclinic.org/healthyliving/nutritionandhealthyeating/in-depth/water/art 20044256

7. Mayo Clinic Staff. (2014, September 5). Nutrition and Healthy Eating. Retrieved March 4, 2015, from http://www.mayoclinic.org/healthyliving/nutritionandhealthyeating/in-depth/water/art 20044256

8. Ronbinson, J. (2014, October 6.). Constipation Symptoms, Causes, and Diagnosis. Retrieved March 25, 2015, from http://www.webmd.com/digestivedisorders/digestivediseases-constipation

9. Blackmer, S. (2012). Celebrating Liquids. In Celebrations: Living life to the Fullest. ( p. 63). Silver Spring, MD.: Health Ministries Dept.

10. Malik, A., Akram, Y., Shetty, S., Malik, S., & Njike, V. (2014). Impact of SugarSweetened Beverages on Blood Pressure. 15741580. Retrieved December 2, 2014, from The American Journal of Cardiology.

11. Mcneilus, M. (2010). The Contrast Bath. In Nature's Healing Way (pp. 3639). Decatur, Georgia: Home Health Education Services.

12. Blackmer, S. (2012). Celebrating Liquids. In Celebrations: Living life to the Fullest. ( p. 65). Silver Spring, MD.: Health Min. Dept.

## Hábito #3 Sin Ejercicio, Viene la Enfermedad

1. Buchner, D., Bishop, J., Brown, D., Fulton, J., Galuska, D., Gilchrist, J., . . . Rodgers, A. (2008). Physical Activity Has Many Health Benefits. In 2008 Physical Activities Guidelines

for Americans (p. 9). U.S. Department of Health and Human Services

2. Chobotar, T. (2013). Immediate Benefits. In Activity Supercharges Your Life (Vol. 4 CREATION Health Life Guide, p. 80). Maitland, Florida: Florida Hospital Publishing

3 . Powerful Reasons to Exercise. ( 2014 , March 1 ) . Retrieved February 20 , 2015, from h ttp://www.emedexpert.com/tips/exercise.shtml

4. Powerful Reasons to Exercise. (2014, March 1). Retrieved February 20, 2015, from h ttp://www.emedexpert.com/tips/exercise.shtml

5. Powerful  Reasons to Exercise. (2014, March 1 ). Retrieved February 20, 2015, from http://www.emedexpert.com/tips/exercise.shtml

6. Powerful Reasons to Exercise. (2014, March 1). Retrieved February 20, 2015, from h ttp://www.emedexpert.com/tips/exercise.shtml

7. Powerful Reasons to Exercise. (2014, March 1). Retrieved February 20, 2015, from h ttp://www.emedexpert.com/tips/exercise.shtml

8. Powerful Reasons to Exercise. (2014, March 1). Retrieved February 20, 2015, from h ttp://www.emedexpert.com/tips/exercise.shtml

9. Park, A. (2012, July 18). Lack of Exercise as Deadly as Smoking, Study Finds. TIME Magazine, retrieved from http://healthland.time.com/2012/07/18/lackofexerciseasdeadlyassmokingstudyfinds/

## Hábito #4 Descansar es lo Mejor.

1. Why Is Sleep Important? (2012, February 22). Retrieved March 1, 2015, from h ttp://www.nhlbi.nih.gov/health/health-topics/topics/sdd/why

2. What Happens When You Sleep? (n.d.). Retrieved March 1, 2015, from http://sleepfoundation.org/howsleepworks/whathappenswhenyousleep

3. Brain Basics: Understanding Sleep. (2014, July 25). Retrieved February 9, 2015, from http://www.ninds.nih.gov/disorders/brain_basics/understanding_sleep.htm

4. Why Is Sleep Important? (2012, February 22). Retrieved March 1, 2015, from http://www.nhlbi.nih.gov/health/health-topics/topics/sdd/why

5. Sleep and Disease Risk. (2007, December 18). Retrieved March 3, 2015, from http://healthysleep.med.harvard.edu/healthy/matters/consequences/sleepanddiseaserisk

6. Sleep and Disease Risk. (2007, December 18). Retrieved March 3, 2015, from http://healthysleep.med.harvard.edu/healthy/matters/consequences/sleepanddiseaserisk

7. Griffin, R. (2011, December 27). 9 Surprising Reasons to Get More Sleep. Retrieved March 5, 2015, from http://www.webmd.com/sleepdisorders/features/9reasonstosleepmore?page=3

8. Why Is Sleep Important? (2012, February 22). Retrieved March 1, 2015, from http://www.nhlbi.nih.gov/health/health-topics/topics/sdd/why.

9. Sleep and Disease Risk. (2007, December 18). Retrieved March 3, 2015, from http://healthysleep.med.harvard.edu/healthy/matters/consequences/sleepanddiseaserisk

10. Why Is Sleep Important? (2012, February 22). Retrieved March 1, 2015, from http://www.nhlbi.nih.gov/health/health-topics/topics/sdd/why.

11. Mann, D., Smith, M., (2010, January 19). Lack of Sleep and the Immune System. Retrieved February 6, 2015, from http://www.webmd.com/sleepdisorders/excessivesleepiness10/immunesystemlackof sleep

12. Why Is Sleep Important? (2012, February 22). Retrieved March 1, 2015, from http://www.nhlbi.nih.gov/health/health-topics/topics/sdd/why.

13. Griffin, R., Chang, L. (2011, December 27). 9 Surprising Reasons to Get More Sleep. Retrieved March 5, 2015, from http://www.webmd.com/sleepdisorders/features/9reasonstosleepmore?page=3

14. Why Is Sleep Important? (2012, February 22). Retrieved March 1, 2015, from http://www.nhlbi.nih.gov/health/health-topics/topics/sdd/why

15. Griffin, R. (2011, December 27). 9 Surprising Reasons to Get More Sleep. Retrieved March 5, 2015, from http://www.webmd.com/sleepdisorders/features/9reasonstosleepmore?page=3k

16. Griffin, R. (2011, December 27). 9 Surprising Reasons to Get More Sleep. Retrieved March 5, 2015, from http://www.webmd.com/sleepdisorders/features/9reasonstosleepmore?page=3

17. National Institute of Neurological Disorders and Stroke (NINDS) (n.d.). Retrieved February 28, 2015, from h ttp://www.ninds.nih.gov/ 18. Twery, M. (2014, December 29). Why is Sleep Important? Retrieved April 9, 2015, from http://www.hhs.gov/blog/2014/12/29/whysleepimportant.html

## Hábito #5 Los Efectos de tu Ambiente.

1. Louv, R. (2011). Nature Neurons. In The Nature Principle ( pp. 3334). New York, New York: Algonquin Books of Chapel Hill.

2. Johnson, K. (2004). Valuing Nature. In You Were Made for a Garden (Vol.3, CREATION Health Life Guide, p. 22). Maitland, Florida: Florida Hospital Publishing.

3. Gardening for Health. (2000, October 30). Retrieved February 20, 2015, from http://www.webmd.com/healthyaging/features/gardeninghealth

4 . Johnson , K . (2004). Valuing Nature. In You Were Made for a Garden (Vol. 3, CREATION Health Life Guide, p. 32). Maitland, Florida: Florida Hospital Publishing.

5-16. Dunkin, M. (2010, September 12). 6 Surprisingly Dirty Places in Your Home. Retrieved February 21, 2015, from http://www.webmd.com/women/homehealthandsafety9/places-germshide

# Hábito #6 Aire Fresco y Luz de Sol.

1. How Your Body Uses Oxygen. (2013, March 5). Retrieved February 8, 2015, from https://patienteducation.osumc.edu/Documents/howbodyoxygen.pdf

2. Dean, L. (2005). Blood and the Cells it Contains. In Blood Groups and Red Cell Antigens. Bethesda, MD: National Center for Biotechnology Information. R etrieved March 5, 2015, from h ttp://www.ncbi.nlm.nih.gov/books/NBK2263/

3. Deep Breathing: StepbyStep Stress Relief. (2013, June 18). Retrieved March 3, 2015, from http://www.webmd.com/parenting/raisingfitkids/recharge/howtodeepbreathe

4. Deep Breathing: StepbyStep Stress Relief. (2013, June 18). Retrieved March 3, 2015, from http://www.webmd.com/parenting/raisingfitkids/recharge/howtodeepbreathe

5. Masamoto, K., & Tanishita K. (2009) Oxygen transport in brain tissue. National Center for Biotechnology Information. Retrieved March 3, 2015, from National Center Biotechnology Information from h ttp:www/ncbi.nlm.nih.gov/pubmed/19640134

6. Neuroscience For Kids. (n.d.). Retrieved March 3, 2015, from http://faculty.washington.edu/chudler/vessel.html

7. Satish, U., Mendell, M., Krishnamurthy, S., Toshifumi, H., Sullivan, D., Siegfried, S., & Fisk, W. (2012). Effects of CO2 on decision making performance. Environmental Health Perspectives, 120(12), 16711677. Retrieved March 3, 2015, from Environmental Health Perspectives.

8. Vitamin D: Fact Sheet for Health Professionals (2014, November 10). Retrieved March 4, 2015, from h ttp://ods.od.nih.gov/factsheets/VitaminDHealthProfessional/

9. Kotz, D. (2008, June 24). Host of Health Benefits Attributed to Sunlight. Retrieved March 1, 2015, from http://health.usnews.com/healthnews/familyhealth/articles/2008/06/24/hostofhealthbe nefitsattributedtosunlight

10. Mead, M. (2008, May). Benefits of Sunlight A Bright Spot for Human Health. Environmental Health Perspectives, 116 (4), 161167. Retrieved February 23, 2015 from http://www.ncbi.nlm.nih.gov/pmc/articles/PMC2290997/.

11. Mead, M. (2008, May). Benefits of Sunlight A Bright Spot for Human Health. Environmental Health Perspectives, 116 (4), 161167. Retrieved February 23, 2015 from http://www.ncbi.nlm.nih.gov/pmc/articles/PMC2290997/.

12. Kotz, D. (2008, June 24). Host of Health Benefits Attributed to Sunlight. Retrieved March 1, 2015, from http://health.usnews.com/healthnews/familyhealth/articles/2008/06/24/hostofhealthbe nefitsattributedtosunlight

13. Kotz, D. (2008, June 24). Host of Health Benefits Attributed to Sunlight. Retrieved March 1, 2015, from http://health.usnews.com/healthnews/familyhealth/articles/2008/06/24/hostofhealthbe nefitsattributedtosunlight

14. Melatonin for Sleep: Hormone and Supplement Effects on Sleep. (2012, June 20). Retrieved February 4, 2015, from h ttp://www.webmd.com/sleepdisorders/tc/melatoninoverview

15. Mayo Clinic Staff (2014, October 29). Diseases and Conditions: Rheumatoid Arthritis. Retrieved January 10, 2015, from http://www.mayoclinic.org/diseasesconditions/rheumatoid-arthritis/basics/definition/CO N20014868

16. Arkema, E., Hart, J., Bertrand, K., Laden, F., Grodstein, F.,

Rosner, Bernard, R., Karlson, E., & Costenbader, K. (2013). Exposure to ultravioletB and risk of developing rheumatoid arthritis among women in the Nurses' Health Study. National Institute of Health, 506511. Retrieved December 20, 2014, from National Institute of Health.

17. Kotz, D. (2008, June 24). Host of Health Benefits Attributed to Sunlight. Retrieved March 1, 2015, from http://health.usnews.com/healthnews/familyhealth/articles/2008/06/24/hostofhealthbe nefitsattributedtosunlight

18. Riemersmavan der Lek, R., Swaab, D., Twisk, J., Hol, E., Hoogendijk, W., Van Someren, E.( 2008). Effect of Bright Light and Melatonin on Cognitive and Noncognitive Function in Elderly Residents of Group Care Facillities: A Randomized Controlled Trial. 10(1001), 26422655. Retrieved March 20, 2015 from http://www.ncbi.nlm.nih.gov/pubmed/18544724.

# Hábito #7 Un Equilibrio Saludable.

1. Anderson, A. (2013, July 26). WorkLife Balance: 5 Ways To Turn It From The Ultimate Oxymoron Into A Real Plan. Retrieved March 1, 2015, from http://www.forbes.com/fdc/welcome_mjx.shtml

2. Uscher, J. (2013, March 28). 5 Tips for Better Work Life Balance. Retrieved March 9, 2015, from h ttp://www.webmd.com/healthinsurance/protecthealth13/balancelife?page=1

# Hábito #8 Comer Para Vivir.

1. Mekary, R., Giovannucci, E., Willett, W., Van Dam, R., & Hu, F. (2012). Eating patterns and type 2 diabetes risk in men: Breakfast omission, eating frequency, and snacking. American Journal of Clinical Nutrition, 11829. Retrieved January 3, 2015, from http://www.ncbi.nlm.nih.gov/pubmed/22456660

2. Mekary, R., Giovannucci, E., Willett, W., Van Dam, R., & Hu, F. (2012). Eating patterns and type 2 diabetes risk in men: Breakfast omission, eating frequency, and snacking. American Journal of Clinical Nutrition, 1189. Retrieved January 3, 2015, from http://www.ncbi.nlm.nih.gov/pubmed/22456660

# Hábito #9 Vegeducar.

1. McEvoy, C., Temple, N., & Woodside, J. (2012). Vegetarian diets, low meats diets and health: A review. Public Health Nutrition, 1 5 (12), 22882288. Retrieved February 3, 2015, from Cambridge Journals Online.

2. McEvoy, C., Temple, N., & Woodside, J. (2012). Vegetarian diets, low meats diets and health: A review. Public Health Nutrition, 1 5 (12), 22882288. Retrieved February 3, 2015, from Cambridge Journals Online.

3. Tonstad, S., Stewart, K., Oda, K., Batech, M., Herring, R., & Fraser, G. (2011). Vegetarian diets and incidence of diabetes in the Adventist Health Study2. Nutrition, Metabolism and Cardiovascular Diseases, 23(4), 292292.

4-7. Meat Consumption and Cancer Risk. (n.d.). Retrieved February 2, 2015, from http://www.pcrm.org/health/cancer-resources/dietcancer/facts/meatconsumptionandca ncerrisk

8. Orlich, M., Signh, P., Sabate, J., JaceldoSeigl, K., Fran, J., Knutsen, S., . . . Fraser, G. (2013). Vegetarian Dietary Patterns and Morality in Adventist Health Study 2. JAMA Intern Med, 173(13), 12301231.

9. Craig, W. (2009) Health Effects of Vegan Diets. R etrieved February 5, 2015, from A merican Journal of Clinical Nutrition, 1627S1633S

10. Tuso, P., Ismail, M., Ha, B., & Bartolotto, C. (n.d.). Nutritional Update for Physicians: PlantBased Diets. Retrieved January 17, 2015, from The Permanente Journal, 6166

11. Stoppler, M., Davis, C. (2014, June 18). Mad Cow Disease and Variant CreutzfeldtJakob Disease. Retrieved March 3, 2015, from http://www.emedicinehealth.com/mad_cow_disease_and_cariant_creutzfeldtjakob/articl e_em.htm

12. Salmonella (2015, March 9). Retrieved March 21, 2015, from http://www.cdc.gov/salmonella/general/

13. Salmonella Poisoning (Salmonellosis) Symptoms, Causes, Treatment. (2012, October 12). Retrieved from http://www.webmd.com/foodrecipes/foodpoisoning/salmonellosistopic-overview

14. Avila, J. (2012, March 7). 70 Percent of Ground Beef at Supermarkets Contains 'Pink Slime' ABC News. Retrieved February 27, 2015, from http://abcnews.go.com/blogs/headlines/2012/03/70percentofgroundbeefatsupermarkets-containspinkslime/

15. Kearns, R., & Chang, MD, L. (2012, March 27). 'Pink Slime' Maker Cuts Down Production. Retrieved January 31, 2015, from http://www.webmd.com/foodrecipes/20120327/pinkslimemakercutsdownproduction

16. What's in That Pork? (2013, January 1). Retrieved February 10, 2015, from http://www.consumerreports.org/cro/maga-zine/2013/01/whatsinthatpor k/index.htm

17. Benefits of Fish. (2009, July 9). Retrieved February 10, 2015, from http://www.consumerreports.org/cro/2012/08/the-benefitsandrisksofeatingfish/index.htm

18. Weiss, K. (2002, December 9). Fish Farms Become Feedlots of the Sea. LA Times. Retrieved February 1, 2015, from http://www.latimes.com/nation/lamesalmon9dec09story.html#page=1

19. Benefits of Fish. (2009, July 9). Retrieved February 10, 2015, from http://www.consumerreports.org/cro/2012/08/the-benefitsandrisksofeatin gfish/index.htm

20. Norris, J. (2014, April 1). Omega3 Fatty Acid Recommendations for Vegetarians. Retrieved February 10, 2015, from http://www.veganhealth.org/articles/omega3

21. K im, B., Laestadius, L., Lawrence, R., Martin, R., McKenzie, S., Nachman, K., . . . Truant, P. (n.d.). The Pew Commission on Industrial Farm Animal Production. Putting Meat on the Table: Industrial Farm Animal Production in America

22. Ending Factory Farming. (n.d.). Retrieved February 10, 2015, from http://www.farmforward.com/farmingforward/factoryfarming

23. Birds on Factory Farms. ASPCA. (n.d.). Retrieved February 10, 2015, from https://www.aspca.org/fightcruelty/farm-animalcruelty/birdsfactoryfarms

24. Cows on Factory Farms. ASPCA. (n.d.) Retrieved February 10, 2015, from https://www.aspca.org/fightcruelty/farmanimal-cruelty/cowsfactoryfarms

25. Pigs on Factory Farms. ASPCA. (n.d.) Retrieved February 20, 2015, from https://www.aspca.org/fightcruelty/farmanimal-cruelty/pigsfactoryfarms

26. Weiss, K. (2002, December 9). Fish Farms Become Feedlots of the Sea. LA Times. Retrieved February 1, 2015, from http://www.latimes.com/nation/lamesalmon9dec09story.html#page=1

27. Craig, W., & Mangels, A. (2009). Position of the American Dietetic Association: Vegetarian diets. Journal of American Dietetic Association, 109(7), 126682. Retrieved from ncbi.nim.nih.gov

## Hábito #10 Los Tres Vicios

1. Evert, A. (2013, April 30). Caffeine in the Diet. Retrieved February 18, 2015, from http://www.nlm.nih.gov/medlineplus/ency/article/002445.htm

2. Evert, A. (2013, April 30). Caffeine in the Diet. Retrieved February 18, 2015, from http://www.nlm.nih.gov/medlineplus/ency/article/002445.htm

3. Vlachopoulos, C., Hirata, K., Stefanadis, C., Toutouzas, P., & O'Rourke, M. (2003, January). Caffeine Increases Aortic Stiffness in Hypertensive Patients 16 (1), 6366. Retrieved February 19, 2015, from American Journal of Hypertension

4. Klein, T. (n.d.). Energy Drinks Raise Resting Blood Pressure, Dramatic In those Not Used to Caffeine. Retrieved February 19, 2015, from http://newsnetwork.mayoclinic.org/discussion/energydrinksraiserestingbloodpressure withtheffectmostdramaticinthosenotusedtocaffeinem/

5. Scher, A., Stewart, W., & Lipton, R. (2004). Caffeine as a Risk Factor for Chronic Daily Headache. Retrieved February 21, 2015, from http://neurology.org/content/63/11/2022.short

6. McMillin, A. (2011, June 1). School of Medicine Researcher Finds Link Between Caffeine Consumption and Female Infertility. Retrieved March 5, 2015, from http://unr.edu/nevada-today/news/2011/schoolofmedicineresearcherfindslinkbetwee ncaffeineconsumptionandfemaleinfertility

7. Lane, J., Barkauskas, C., Surwit, R., & Feinglos, M. (2004) Caffeine Impairs Glucose Metabolism in Type 2 Diabetes 27(8). Retrieved February 15, 2015, from The American Diabetes Association

8. F aubion, S., Sood, R., Thielen, J., Shuster, L. (2015, February). Caffeine and Menopausal Symptoms: What is the Association? Retrieved March 11,2015, from http://www.ncbi.nlm.nih.gov/m/pubmed/25051286/

9. Keast, R., Swinburn, B., Sayompark, D., Whitelock S., Riddell, L. (2014) Caffeine Increases SugarSweetened Beverage Consumption in a FreeLiving Population: a Randomised Controlled Trial. Retrieved February 13, 2015, from British Journal of Nutrition

10-16. Health Effects of Secondhand Smoke. Center for Disease Control. (n.d.) Retrieved February 9, 2015, from http://www.cdc.gov/tobacco/data_statistics/fact_sheets/secondhad_

smoke/heath_effects/

17. Fact Sheets Alcohol Use and Your Health. Center for Disease Control. (n.d.) Retrieved February 17, 2015, from h ttp://www.cdc.gov/alcohol/factsheets/alcoholuse.htm

18. Data, Trends and Maps. Center for Disease Control. (2014) Retrieved February 9, 2015, from http://nccd.cdc.gov/DHDSP_DTM/

19. FAQ. National Council on Alcoholism and Drug Dependence. (n.d.) Retrieved March 11, 2015, from h ttp://ncadd.org/learnaboutalcoholfaqsfacts

20. Fact Sheets Alcohol Use and Your Health. Centers for Disease Control. (n.d.) Retrieved February 17, 2015, from h ttp://www.cdc.gov/alcohol/factsheets/alcoholuse.htm

21. Rehm, J., (2011). The Risks Associated With Alcohol Use and Alcoholism. Retrieved February 9, 2015, from Alcohol Research & Health, Volume 34, Number 2

22. Alcohol and Pregnancy. National Institutes of Health. (n.d.) Retrieved March 3, 2015, from http://www.nlm.nih.gov/medlineplus/ency/article/007454.htm

# Hábito #11 Las Relaciones Interpersonales.

1. Marital Stress Worsens Prognosis in Women With Coronary Heart Disease. (2000, December 20). Retrieved February 18, 2015, from http://jama.jamanetwork.com/article.aspx?articleid=193378

2. Tse, I. (2011, February 11). 5 Ways Relationships Are Bad for Your Health. Retrieved March 9, 2015, from http://www.livescience.com/354695waysrelationshipsarebadforyour health.html

3. Tse, I. (2011, February 11). 5 Ways Relationships Are Bad for Your Health. Retrieved March 9, 2015, from http://www.livescience.com/354695waysrelationshipsarebadforyourhealth.html

4. Tse, I. (2011, February 11). 5 Ways Relationships Are Bad for Your Health. Retrieved February 24, 2015, from h ttp://www.livescience.com/354965waysrelationshipsarebadforyourhealth.html

5. Tse, I. (2011, February 11). 5 Ways Relationships Are Bad for Your Health. Retrieved March 3, 2015, from http://www.livescience.com/354695waysrelationshipsarebadforyourhealth.html

6. Umberson, D., & Montez, J. (2011, August 4). Social Relationships and Health: A Flashpoint for Health Policy. Retrieved January 1, 2015, from http://www.ncbi.nlm.nih.gov/pmc/articles/PMC3150158/References

7. Umberson, D., & Montez, J. (2011, August 4). Social Relationships and Health: A Flashpoint for Health Policy. Retrieved January 4, 2015, from http://www.ncbi.nlm.nih.gov/pmc/articles/PMC3150158/

8. Umberson, D., & Montez, J. (2011, August 4). Social Relationships and Health: A Flashpoint for Health Policy. Retrieved January 7, 2015, from http://www.ncbi.nlm.nih.gov/pmc/articles/PMC3150158/

9. Umberson, D., & Montez, J. (2011, August 4). Social Relationships and Health: A Flashpoint for Health Policy. Retrieved January 9, 2015, from http://www.ncbi.nlm.nih.gov/pmc/articles/PMC3150158/

10-11. Johnson, K. (2008). The Importance of Relationships. In T. Chobotar (Ed.), Creating Outstanding Relationships (Vol. 6, p. 10). Maitland, Florida: Florida Hospital Publishing.

12-14. Seven Psychological Sins [Motion picture on DVD]. (2013). United States: LifeHealth Network.

# Hábito #12 Pensamientos: El Poder de la Mente

1. Goodwin, G. (2006). Depression and Associated Physical Diseases and Symptoms. Dialogues in Clinical Neuroscience. 259265. Retrieved March 1, 2015, from Dialogues in Clinical Neuroscience.

2. Depression. Centers for Disease Control. (2013, October 4). Retrieved April 13, 2015, from http://www.cdc.gov/mentalhealth/basics/mentalillness/depression.htm

3. Stress Management. Mayo Clinic. (March 04, 2014). Retrieved March 6, 2015, from http://www.mayoclinic.org/healthylifestyle/stressmanagement/basics/stressbasics/hlv20049495

4. Causes and Effects of Stress: Family, Work, Health, and Other Stress Factors. WebMD. (n.d.).Retrieved from February 3, 2015, from http://www.webmd.com/balance/guide/causesofstress

# Hábito #13 Espiritualidad

1. Holt Lunstad, J., Steffen, P., Sandberg, J., & Jensen, B. (2011). Understanding the connection between spiritual wellbeing and physical health: An examination of ambulatory blood pressure, inflammation, blood lipids and fasting glucose. Journal of Behavioral Medicine, 477488. Retrieved from PubMed.gov.

2. Miller, L., Wickramaratne, P., Gameroff, M., Sage, M., Tenke, C., & Weissman, M. (2011). Religiosity and Major Depression in Adults at High Risk: A TenYear Prospective Study. American Journal of Psychiatry, 169(1), 8994. Retrieved November 14, 2014, from http://ajp.psychiatryonline.org/doi/ref/10.1176/appi.ajp.2011.10121823

# Hábito #14 El Servicio

1. Sneed, R., & Cohen, S. (2013). A Prospective Study of Volunteerism and Hypertension Risk in Older Adults. National Institute of Health, 578586. Retrieved January 10, 2015, from National Institute of Health.

2. Sneed, R., & Cohen, S. (2013). A Prospective Study of Volunteerism and Hypertension Risk in Older Adults. National Institute of Health, 578586. Retrieved January 10, 2015, from National Institute of Health

# ÍNDICE